Kei Sugawara
菅原圭

お金持ちが肝に銘じているちょっとした習慣

河出書房新社

はじめに

お金持ちが「お金より大切にしていること」とは？

サラリーマンの平均年収は約４２０万円（国税庁平成27年分民間給与実態統計調査）だそうだ。これよりは多いと喜ぶ人、少ないといって嘆《なげ》く人、いろいろだろうが、この年収、**12年前（平成17年）の平均年収より16万４０００円も減ってしまっている**という事実には言葉を失いそうになる。

リーマンショックがあったとはいえ、10年間働き続けて、かえって年収が減っている！

これが、日本の現実なのだ。これでは、誰でも「もう少し年収が増えれば」「少しずつでもお金持ちに近づいていかれれば」……と切望するようになるのは当然だ。だから、毎日、がんばっているのだ。そんな声も聞こえてくる。

少しでも安く買いたいとネットやチラシのお買い得情報に目を光らせ、ムダなお金は使わないようにしている。そうした人は多いと思うが、どうも、それだけではお金持ちにはなれそうもない。

最近、しみじみ、そう考えるようになっている。

私はなぜか、お金持ちの知り合いが多い。

起業し、成功した人を取材し、ビジネスを拡大してきた軌跡や成功の秘訣《ひけつ》を聞き出し、まとめるという仕事を多くしてきたことからなのだが、仕事が終わった後も長くお付き合いを続けていただく方が少なくない。

これまで長くお付き合いを続けてきた成功者たちは、その後も順調にビジネスを伸ばし、さらにお金持ちになっている。中には荒波のような経済変動に巻き込まれて破綻《はたん》した人もいるが、しばらくすると、再び盛り返し、以前にも増してお金持ちになっている。

彼らに共通しているのは、**お金にキビシイという以上に、人としてきちんとしていて、振る舞いや生活態度などにゆるみやだらしないところが見えない**ことだ。

お金持ちだから上等なものを身に着けていたり使っていたりするが、それらをとても大事にしている。同時に、それほど高いものでなくても、その態度は変わらない。

たとえば、ボールペンを例に取れば、彼らが使っているのは、モンブランなど何万円もするようなものが多いが、それをとても丁寧に、長い年月、いつくしむように使っている。

だが、ホテルの備えつけのボールペンを使うようなときも、けっして粗末に扱うようなことはしないのだ。

こうした行き届いた心遣いはモノに対してだけではなく、人に対するときも変わらない。高名な人や社会的地位の高い人に対する態度も、ホテルのスタッフなどに対する態度も変わりなく、見ていても清々《すがすが》しく、気持ちがいい。

こうした経験を重ねてきた私は、いまでは、**お金にはある種の〝精神性〟があり、高い精神性を保持している人と相性がいい**という考えをもつようになっている。

お金持ちになりたいなら、まず、人としてきちんと生きていくようにしよう。私がそう思うのは、こうしたことを見てきた結果だ。


人生の悩みの9割は「お金」で解決できる！　と言い切っている本を見かけたことがある。私も、「お金」にはたいていの悩みや揉《も》め事を解決するスーパーパワーがあると考えている。

現在の収入に腹立たしいくらい不満を持ち、不満だらけの現状から脱け出すために必死でがんばっているという人も少なくないだろう。だが、いくら必死に働いても、期待したほど成果は上がらない。

だとしたら、努力の方向がちょっと違うのではないか、と考えてみてほしい。

収入アップに向けてがんばることも大事だが、同時に、いまの暮らし方を見直し、気持ちのほころびをなくしていくことにも気を配ろう。その結果、暮らしがすみずみまで引き締まっていく。

「きちんとした生き方」は、こうして、結果的にお金に困ることがない生き方に通じていくのだ、と私は確信している。

〝だらしない〟生活習慣はすぐに改めないと、その先、待っているのは経済破綻→生活破綻→人生破綻だ。


破綻の芽は、いますぐ摘み始めよう。

本書との出合いから、できるだけ**「きちんとした生活習慣」へ、つまり「お金持ちになる方向へ」と切り替えよう**。1年後、3年後、5年後……。やがて、心豊かに、幸せいっぱいに生きている自分と出会うはずだ。

菅原 圭

お金持ちが肝に銘じているちょっとした習慣　もくじ

第2章

この心がけが将来の余裕を生む

お金と真摯に向き合うお金持ち

第3章

大事な〝お金の家〟はこうして整える

お金持ちの財布はここが違う

第4章

いつも懐が寒い人は、ここが疎かだった
お金持ちが大切にしている14の習慣

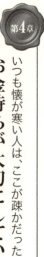

第5章

「自分本位」で考えれば見えてくる
お金が増えていく人の生き方

装丁◉こやまたかこ
カバーイラスト◉徳光和司
イラスト◉赤井ざくろ／PIXTA

第1章

お金持ちが絶対にしない10のこと

だらしがない暮らしは破綻につながる

用もないのにコンビニに立ち寄らない

帰宅途中に、コンビニを通りかかると、ふらりと立ち寄ってしまう人は少なくないのではないか。

私もその1人なのだが、特に用があるわけでもないのに吸い込まれるようにコンビニに立ち寄り、帰りにはしっかり買い物袋をぶら下げている。こんな経験は誰でも身に覚えがあると思う。

「いや、そんなの普通じゃないか」という声さえ聞こえてくるようだ。

●コンビニは「買いたくなる」ようにできている

日頃から私は、スーパーやデパート、コンビニなどは「本当によくできた消費システム」だと感嘆《かんたん》している。

テキは「モノを買わせるプロ」なのだ。

「コンビニは都会の夜の〝誘蛾灯《ゆうがとう》〟的存在だ」という記事を読んだ記憶があるが、たしかに夜遅く、帰り道を急いでいるときなど、コンビニの光が見えるとなぜかほっとし、つい立ち寄ってしまう。

それも当然なのだ。コンビニは、なんとなく立ち寄りたくなる雰囲気を演出し、そのうえ、店に入ってきたお客を、けっして手ブラでは店から出さない。そんなシステムを実に巧妙につくり上げている。

こうした仕組みはスーパーやデパートなど、ほかの流通機関でも同じだ。

冷蔵庫をのぞいて、「豆腐がなかった」とスーパーに行ったとしよう。でも、豆腐だけですんだ試しはなく、必ず500円、1000円と支払うことになる。

デパートもそうだ。「今日は見るだけ」と何度も自分に言い聞かせてデパートに立ち寄る。そんな日でも、何も買わずに店から出てくるのは至難の業《わざ》だ。

なんとか自分をコントロールして衝動買いこそしなかったものの、デパ地下で、ふだんなら買わないような高い総菜を買ってしまうなど、必ず何かは買っている。

競争が激しい中で生き残っていくために、コンビニやスーパー、デパートなども必死で〝買わせるテクニック〟を磨いている。私たちはみな、難なく、その手にはまってしまうのだ。

●コンビニでの1回の買い物額は「755円」

なかでも、大敵はコンビニだ。手近にあり、名称のとおり、ちょっとした総菜やおつまみなど便利で値頃感のあるものが並んでいるので、気軽にカゴに放り込む。だから店に入ったら最後、予定していたもののほかに、２、３品は買ってしまう。

やや古いが、２０１２年のマルハニチロホールディングスの調査によると、コンビニでの買い物の平均額は７５５円だそうだ。毎日、特に必要ではないうえに、予定していなかった買い物をこれだけしているのだと考えると、あらためて「お金の使い方がルーズなのだなあ」と気がつき、はっとするのではないだろうか。

不動産のチラシなどにも「コンビニ近!」と謳われるぐらいで、24時間、ふだんの生活に必要なものはたいていそろっているコンビニは、この上なく便利で重宝する。でも、それが当たり前になりすぎて、最近では、用がなくてもなんとなく立ち寄る。日本人は、コンビニ依存ではないかといいたくなる。

●夜中でもすぐに買いにいくのは日本人だけ

ちなみに、コンビニは中国やタイなどではよく見かけるが、アメリカ本土やヨーロッパでは類似の業態さえ、あまり見かけない。

つい最近、ロンドンに行ってきたが、ロンドンでは、住宅街につながる駅近などに中規模スーパーなどが「○○スーパーExpress」というような名称で、午前7時～午後11時まで開店している店舗を見かけることがあるくらいだ。ただし、扱っているのは食品だけ。

欧米の成熟したライフスタイルでは「何がなんでも、いますぐ手に入れなければならない」という考え方そのものがない。「24時間営業」という発想さえもないので、日本の事情を話すと「なぜ、夜中に買い物をしなければならないの?」と、理解できないという表情を浮かべられる。

「あ、あれがない!」と思うと、何をさておいてもコンビニに走っていって間に合わせる日本人と、「なければないように、その日を過ごす」という欧米人。その二つを分けるものは何なのだろう。

コンビニの便利さに大いに助けられていることは認めるが、一方で、生活のリズムがあくせくし、余裕を失ってしまった一因は、欲しいと思えばすぐに手に入る、コンビニの存在にもあるのではないだろうか。

コンビニとの付き合い方から、最近の日本人のお金の使い方、暮らし方にこまやかさが欠けてきていると感じているのは、私だけだろうか。

用もないのに「百均」に立ち寄らない

起業家や経営者との付き合いが多いことから、私はさまざまなビジネスモデルを見て歩くのが好きだ。「うーん、すごい！」と心の底から驚くようなビジネスモデルに出合うと、思わず、心の中で創案者にひれ伏していることさえあるくらいだ。

なかでも、尊敬してやまないのが「１００円均一（百均）」だ。

何より、どんなものでも「１００円で売る」（最近は２００円、３００円、５００円均一などもあるが）と決め、それを絶対に譲らないという確固たる姿勢がすごい。

●30年間「どれでも100円」を貫いてきたすごさ

最大手ダイソーを例に取れば、創業は１９７０年代。それから50年近く経過しているが、基本的に１００円のラインは崩していない。

その間の諸経費の値上がりなどから、全商品100円也を貫くには、想像以上の経営努力が必要だったと思う。しかも、同時に品質の向上にも努力を続けてきたことは、店頭を見れば一目瞭然《いちもくりようぜん》。百均の商品のクオリティは限りなく高くなっている。

「これを100円で販売するためには、どれほどの企業努力をしているのだろうか」と想像すると、大げさでなく、感激しそうになるくらいだ。

開発力もすごい。百均ショップに行くたびに「こんな品物まであるの?!」と、目を見張るようなアイディア商品がどんどん増えているのだ。

百均ショップが右肩上がりで成長を続けているカギは、「100円という安さ」にあるというよりも、「こんなものが100円で売られている」という驚きだろう。

多種多様な商品からいろいろな生活の楽しみが広がっていく。しかも、100円だから気軽に買って好きなように楽しめる。そんな小さなワクワク感が店いっぱいに詰まっているからお客をひきつけるのだ。

これほど百均ショップに心酔している私だが、一方では、「百均ショップ登場前」と「百均ショップ登場後」では、日本人の暮らし方は大きく変わり、それは必ずしも、100パーセント、いい変化だとは言い切れないと思っている。

●百均登場後、モノを大切にしなくなった

最大のマイナスは、モノを大事にしなくなってしまったことだ。特に目立つのは、文房具の扱い。

ボールペンなど、いつも数本はデスクの上に転がっているし、はさみやホチキスなどもちょっと見つからないと、「探すより買ってきたほうが早い」と、すぐに百均ショップに走ってしまう。

ところが帰宅して、ちょっとデスクを片付けると、それまで使っていたハサミやホチキスがちゃんと姿を現すのだ。こういうだらしのなさには、われながらイヤ気がさす。

周囲でも、百均ショップの登場以降、「モノを大事にしなくなった」という声は少なくない。「あ、いいよ。また、百均で買ってくればいいんだから」が口グセになっていないだろうか。ちょっと振り返ってみよう。

●百均も、目的のモノだけではすまないお店

そのうえ、百均ショップでも、前項で述べた〝買わせる〟プロの手腕はちゃんと発揮されている。上手に消費意識を刺激する商品構成や導線になっているから、売り場を回って

いる間に、カゴの中身は〝自然に〟増えていく。

百均ショップの平均購入額は730円。（雑誌『steady』調べ・2017年）。奇《く》しくもコンビニでの買い物額と同じくらいだ。

「探すより買ってきたほうが早い」。そのように思いがちだが、実際は「100円ではなく700円以上も使っている」ことに、私たちは気づいていない。

小さな人間だと呆《あき》れられそうだが、私は最近、百均ショップでは最初からカゴを持って回らないようにしている。

百均ショップに行く目的は、せいぜい、「接着剤を買おう」とか「赤のボールペンを買おう」というくらいのものなのだ。それなのに、売り場を歩いているうちに「あれ、これいいんじゃない？」というアイテムが次々、目に留まる。

カゴを持っていれば、その場ですぐにカゴに入れ、お買い上げ！　となる。だが、カゴを持っていなければ、あんがい、「まあ、今日はいいや」と歯止めがかかる。

せめて、目的のモノだけ買うようにして、これ以上、モノを粗略に扱う気持ちにブレーキをかけようとしているつもりなのだが。

小出し消費をしない

「コンビニや百均でムダ遣いをしないように」

とここまで読んで、この本を「なんだ、倹約本か。小さな出費を抑えて〝ちりも積もれば山となる〟効果で、お金をためようと勧める本だ」と決めつけないでほしい。

実をいえば、私はもともと細かなことは得意でない。〝ちり積も〟はむしろ、私には最も不得意なことの一つだといわなければならない。

私が指摘したいのは、こうした断面から見えてくる、気がつかないままにジワジワ進んでいってしまっている〝気のゆるみ〟や〝気持ちのだらけ〟。具体的にいえば、毎日の暮らし方が、気がつかないうちにだらしなくなり、ルーズになっている傾向だ。

●目的もなしにふらっと百均をのぞいていないか

前出の『steady』の調査によると、百均に行く回数は、「月に1〜2回」と答えた人が58パーセントで1位である。「週に1回ぐらい」が23パーセント。「月に2〜3回」が19パーセント。

百均ショップに行く目的は、1位が「日用品を買いに行く」、2位が「新商品をチェック」、3位が「目的なくふらっと」。

想像以上に、しょっちゅう、百均ショップをのぞいていることになる。そして、数百円程度の買い物をしている人が多いのだ。

そのこと自体が悪いといいたいわけではない。問題は、こうして買ってきたものをちゃんと生かして使っているかどうか、だ。

●ストレスを抱えているとお金の管理も行き届かない

私は「NO」だった。

1年ほど前に、十数年ぶりに引っ越しした。このとき、あちこちから、買ったまま、使った痕跡がまったくないものが続々と出てきたのには、われながら呆《あき》れた。

その多くは百均などで衝動買い、いや、〝なんとなく買い〟したものだった。

こうした〝なんとなく買い〟は小さなストレス発散になっているものだ。つまり、〝なんとなく買い〟が多い、イコール、毎日、かなりのストレスをため込んでいる証しだといってよいだろう。

ストレスを抱え込んでいる暮らしではお金の管理も行き届かなくなり、だらだらと無造作にお金を使ってしまう。底に穴が開いた財布を使っているのと同じだ。

こうした暮らしを続けている限り、いつまでたっても、「お金が足りない」「お金がない」という思いから解放されることはないだろう。

冷凍庫に保冷剤をため込まない

少し前に「保冷剤がたまる家はお金がたまらない」という記事を目にして、大いに興味を引かれた。私もまったく同じ考えを持っていたからだ。

だが、記事の内容をよく読むと、私の考えとはかなり違った主張が展開されていた。

ネットの記事では「保冷剤がたまる家は、自分へのごほうびと称して、デパ地下で高級スイーツやごちそう総菜を買うことが多い」として、こういうものには必ず保冷剤がついてくるので保冷剤がたまる→割高な買い物を平気でしている→お金がたまらないという主旨だった。

これも一理ある。

だが、私が「保冷剤がたまる」ことに注意警報を鳴らすのは、別の理由だ。

●消耗品をため込む人は「必要量がわからない人」

保冷剤をため込んでいる人に見られる共通の傾向は〝もったいながり〟だ。

冷凍庫に入れておき、お弁当と一緒に包んだり、おすそ分けなどのときに使えば、低温を保てるから傷《いた》みにくい。そう思う気持ちはよくわかるが、だからといって、大量にため込む必要はない。

だが、ためる人はもともと〝もったいながり〟だから、当面、使うぐらいは十分あるとわかっている。これ以上は余分だとわかっていても、捨てることができないのだ。その結果、保冷剤がたまる一方、ということになる。

ネットには、保冷剤をためて「20〜30個」で「メルカリ」（スマホのフリマアプリ）で500円（送料別）で「売った」例が紹介されていて、「保冷剤をためて売ると500円も儲かる」と書いてあったが……。

私には、こうしたマメさはないので、なんともいいようがない。

少なくとも私は、保冷剤を売るほどため込んで500円を手に入れるより、せいぜい10個程度ストックしたら、それ以上の保冷剤はきちんと捨てる、という生活のほうをお勧めしたい。

●デパートや有名店の紙袋もため込んでいないか

デパートや有名店の紙袋をため込んでいる人も少なくない。

高級店の紙袋はデザインも素材も素晴らしく、また丈夫なので、使い捨てにするのはたしかにもったいないと思う。

外出時にカバンに入り切らないものを入れてサブバッグとして活用できるし、人に何かをあげるときに再利用できる。なかには、ゴミを出すときに使うから、という理由もあるようだ。

だが、これも程度問題だ。当面、使う分だけストックしておけば十分だという分別《ふんべつ》は持っていたい。

●ため込むこととムダな買い物とはつながっている

予定外の買い物を続けることと、再利用できるからもったいないとばかりに保冷剤や紙袋を必要以上にため込むこと。一見、矛盾しているようだが、この二つは根っこでつながっている。

その証拠に、保冷剤をため込んでいる人は、一人暮らしなのに大型冷蔵庫を設置している。しかも、いつもぱんぱんに詰まっていることが多い。

要は、日々の生活に何がどのくらい必要なのかをちゃんと把握し、その枠内で自己管理することができないのだ。そして二つの行動は、自分をきちんとコントロールできない、だらしない人に共通する特徴だといってもいいだろう。

自己破産する人に共通する「だらしなさ」

自分をきっちり管理できていない人、だらしない人はお金持ちになれない。これは、データ的にも証明されている。

●過去20年で約300万人が自己破産している！

自己破産とは、借金がふくらんでクビが回らなくなり、みずから裁判所に申し立てて破産することで、以後は借金の取り立てから解放され、生活を再建する道を歩き始めることができる。

もちろん、その一方で、マイホームなど資産価値の高い財産を手放さなければならない、免責を受けるまでの期間、弁護士や司法書士、宅地建物取引士など一定の職業にはつけない、官報に名前が掲載される、などのデメリットはある。

したがって、自己破産は、やむにやまれずに行う「借金から解放される最後の手段」というべきものだ。

いったい、どのくらいの人が自己破産しているかというと、過去20年で300万人ほどが自己破産しているというデータがある。単純に割ると、1年で15万人ほどが自己破産している計算だ。

●自己破産する人の三つの特徴

「自己破産ネット」によると、自己破産する人には、次の三つの特徴が共通して見られるそうだ。

①複数の生命保険に加入している。
②ATMの時間外手数料に無頓着《むとんちゃく》である。
③ケーブルテレビに加入している。

この特徴から見えてくるのも、小さな出費に関する自己管理が甘い傾向だ。

生命保険はリスクヘッジとして必要かもしれないが、掛け金もバカにならない。それに複数加入しているのは、営業社員の勧誘に負けて、とか、あるいは途中で収入が落ちるなどの変化があっても見直しをしないまま、ずるずると支払い続けているということだ。

要は、収入と支出の管理ができていないといわれても仕方ないだろう。

ATMの時間外手数料も同じだ。平日の日中に引き出せば手数料はかからないのに、休日や夜間、あるいは手数料のかかるコンビニで下ろすことが多い。

こういう人には、1回に引き下ろすのは数千～1万円程度と小出しにする傾向も見られるという。

ケーブルテレビの加入はどうだろう。個人の趣味の領域だからとやかく言いたくないが、そして、加入料金はせいぜい数千円と、目くじら立てるほどの金額ではないかもしれない（電波状態がよくないなどの理由で加入せざるをえない場合は別）。

しかし契約しても、そう長時間は見ない人が大半なのだ。私の経験からすると、よく見るのは契約した当初ぐらい。そのうち、ほとんど見なくなったがそれでも解約しない。「ケーブルテレビの契約料なんて大したことはない」。つい、そう思ってしまうのだ。

●保険は本当にリスクヘッジなのか

私のズサンな金銭管理についてお話ししよう。

友人の何人かが、がんになったことから、私はある日、入院保険とがん保険に加入した。掛け金はどちらも月額1万円弱。

「健康だけが取り柄《え》」の私は、おかげさまで11年間、病院のお世話になることがなかった。ところがある日、仕事帰りにラッシュで押されて転倒。右手を3か所骨折した。全身麻酔で手術、1週間弱だったが入院した。

これで手にした保険金は5万円弱。診断書などあれこれ書類作成に必要なお金が数千円。

実際に手にしたのは4万円ちょっとだった。

たまたま、けがの場合のカバーが薄い保険だった、というより、疾病保険は多くの場合、病気を主体に組まれていることが多いことも知っておいたほうがいい。

かなり大きなけがをしたのに、11年間、毎月約2万円、約270万円も支払って、受け取った額は実質4万円ほど。

もともと保険は、万一の不慮のできごとに備えるものだ。保険で〝儲かる〟のは、不幸なできごとが起こったときなのだから、11年間に大きなソンをしたことは、かえって喜ばなければいけないのかもしれない。だが、やっぱり、損得勘定をしてしまう。

後日、私は、街でよく見かける保険の相談室を訪れ、相談してみた。ざっくりと私の話を聞いた窓口の担当者は、あっさりとこういった。

「当座の入院費を支払えるぐらいの預金をお持ちなら、保険は必要ありません」

このとき以来、私は災害保険、車の保険以外の保険は解約し、いまも入っていない。

●暮らしにムダな小穴が開いていないか

もちろん、保険そのものを否定しているわけではない。子育て中なら、一家の生計を支える人の生命保険には入っておきたいし、所得保険も必要かもしれない。

私がいいたいのは、保険もときどき見直し、保険料と補償額を見直し、プランを組み替えるなどのメンテナンスをきちんと行いなさい、ということだ。

ふだんからだらしがなく、契約など見直したことがない私は、チマチマ倹約する一方で、毎月、保険料がどんどん出ていくという、穴が開いた暮らしを平然と10年以上も続けていたのだ。

特に、毎月、銀行振替で支払うシステムの契約は慎重に考えないといけない。こうして考えてみると、自己破産者にケーブルテレビ契約者が多い、という事実にはかなりの説得力があると感じている。

部屋を掃除・整頓しないで汚れるに任せる

あなたの部屋は、いつもきれいに片付いているだろうか。この点からも、お金との縁が深いかどうかを推《お》し量れる。

●部屋が汚い人は年収が低い

ある週刊誌が、年収が平均を大きく割り込んでいる人の部屋を訪ねるという企画を実施したところ、予想どおりというか、予想以上の特徴があることがわかった。

記事によると、お金に縁がない人に共通しているのは、次の五つ。

①使わない、使えないモノであふれている（捨てられない性分だ）。
②トイレ、ふろ場、キッチンなどの水まわりが汚い。
③マンガ、ゲーム、ギターなど趣味系のアイテムが多い。
④ゴミをため込んでいる（ゴミの日を把握していない）。
⑤古い電気製品を使い続けている。

たとえば、冷蔵庫にもう食べられなくなったものがいつまでも入っている、とか、洗濯物やゴミをついため込んでしまうという人は要注意だ。

恥をしのんでいえば、少し前まで、私の部屋はこれに近かった。忙しくて、手が回らない。やれば、いつでもきれいにできる！　と自分に言い聞かせていたが、広い邸宅に住んでいるわけでなし。身のまわりをきれいに整えるかどうかは、時間のあるなしとあまり関係ない。

●部屋を片付けるだけで、お金の使い方はガラッと変わる

私自身は、あるきっかけで〝心を入れ替え〟た。実家の片付けだ。

高齢で亡くなった母の家を整理しているうちに、なんだか悲しくなってしまったのだ。片付けても片付けても、後から後から際限なくモノが出てくる。中にはそれなりのものもあったが、取っておくほどの価値はないもののほうが圧倒的に多い。

母は、典型的なモノを捨てられない人だったのだ。

その後、引っ越しをしたこともあって、私は、この際！　とばかり、手持ちのモノの大半を処分した。

その結果、いま、ふだん使いの食器はキッチンの引き出し一つに入るだけしかない。

洋服類も、大胆すぎるくらい、処分した。たまたま近くに教会があり、ときどきバザーをするので、そこにどんどん出品した。文房具、食器、ハンカチ、カバンも靴も。

海外旅行が趣味だったから、ちょっとした土産物や記念に、と買い集めたものがかなり

あったが、それらもきれいさっぱり、バザーに出した。

いうまでもないが、バザーに出品してもお金にはならない。でも「捨てるわけではない。誰かが使ってくれる」という気持ちが免罪符《めんざいふ》になるのか、惜しげもなく、思い切り整理することができ、本当にすっきりした。

●ムダなものを買わない暮らしは部屋もキレイにする

この身辺大整理後、お金の使い方も大きく変わった。せっかく整理した家をまたゴチャゴチャにしたくないので、本当に必要だと思うもの以外は買わなくなったのだ。

海外旅行に行っても、いまは絵はがき1枚すら買わない。引っ越し荷物をまとめたとき、海外で記念になるからと買ったまま、使っていない絵はがきが分厚い束にするほど出てきたからだ。

旅行先で、家族や友人などにささやかなお土産ぐらいは買うのだが、それも〝消えもの〟に決めた。〝消えもの〟とは食べ物。食べてしまえばなくなるものだ。

家をすっきりきれいに整理すると、お金の使い方が違ってくる。私の経験からも、これは絶対にたしかだ。

ムダなもの、不要不急のモノは買わなくなる。毎日のことだから、この積み重ねは想像以上に大きいはずだ。

ビニール傘をため込まない

最近の日本は明らかに気候が変わってきた。熱帯地方のスコールのように、突然、すごい勢いで雨が降ってきたかと思うと、30分〜1時間ほどで晴れ上がる。

でも、約束の時間までに行かなければ大事な商談に遅刻してしまう。そこで、駅前のコンビニなどで400〜500円のビニール傘を買ってその場をしのぐ。

こういう状況では多くの人がそうするだろう。問題は、このビニール傘のその後の行方だ。ほとんどは、雨がやんでも捨てるわけにもいかないと、なんとなく家に持ち帰る。

そして、また出先で雨に打たれればビニール傘を買う。持ち帰る……。この繰り返しで、気がつくと、傘立てにビニール傘が何本も突っ立っている、なんてことになる。

折りたたみ傘を持って出るようにすれば、こんなムダは防げるのだ。

●用済みのビニール傘はあっさり手放す

ある著者と、カフェで打ち合わせをする予定があった日のことだ。突然、スコールのような雨が降ってきた。

約束の時間が近づいたころ、激しい雨の中を、著者は、時間どおりにきちんとやってきた。手にはビニール傘を持っている。突然降りだしたので、タクシーが拾えなかったのだそうだ。

打ち合わせは1時間ちょっとで終わったが、そのころには、雨はすっかり上がっていた。彼は傘を手に立ち上がると、カフェの主に向かって、「これ、お客さんが雨に遭ったときに使えないかな」と話しかけた。「あ、ありがたいです。お客さまにも喜ばれますから……」。店主も明るく彼の申し出に応じてくれた。

前から行きつけのカフェというわけではなく、互いにとって便利な場所、というので選んだ初めてのカフェだった。

「お金持ちって、こんなことがさらりとできる人なんだ」

私は、大事なことを一つ教えられたような気がした。

●手放すときに気をつけたいこと

いらないものは手元に置かない。でも、手放すなら、できるだけそれが最後まで〝生きる〟形で、と心がける。

こういう気持ちが、しだいに豊かな人間性を育んでいき、結果、お金持ちに近づいていくことになるのではないだろうか。

それ以来、家にビニール傘が３本以上たまったら、私は2、３本、まとめて行きつけの飲食店などに持っていくことにしている。使うアテのないものをため込んでいるのは、かえって心の貧相さをもろ出しにするだけだと思うからだ。

カバンの中に入れたら、入れっぱなし

私が尊敬してやまないたくさんの著者たち、その多くは超の字がつくお金持ちだが、中でも、年を追うごとにお金持ちになっていく方がいる。

著者と編集者として知り合って10年になるM氏だ。その間の成長発展ぶりは目を見張るものがある。当然、収入も相当のものだと推測される。

M氏の本業はドクター。経営される病院は、お付き合いを始めたころは、ある地域の有名病院にすぎなかったが、いまでは全国区。いや、彼のオペの腕を聞きつけて、海外からも治療を求めて来院する患者さんも少なくないそうだ。

ドクターとしての経験や、多忙な中で自分を磨き上げてきた成果を講演したり、出版したりしておられるのだが、こちらのほうもどんどん活動領域が広がっている。

●お金持ちは忘れものをしない

M氏と仕事をご一緒するたびに感心することの一つに、忘れものをしないことがある。打ち合わせに持ってくるべき企画書や参考資料はいうまでもなく、話の途中で、「もし、参考になるデータがあったら送ってください」などと頼んだことも、一度として忘れたことがない。

秘書を連れているわけではなく、すべてを自分で管理している。どんなに忙しいだろうかと思うのだが、とにかく、M氏から「うっかり忘れてきてしまった……」という言葉を聞いたことがない。

●毎日カバンを空にし、必要なものを整理する

ある日、思い切ってその秘訣をうかがってみた。

M氏は複数の仕事をこなしているから、1日にいくつもの打ち合わせをこなすことも珍しくない。そのため、打ち合わせと打ち合わせの間に30分程度のインターバルを取り、その間に、カバンの中をきちんと整理し直すのだという。

実は、彼の経営する病院は地方にあり、活動拠点も原則、地方にある。だが、それでは講演の講師や本の著者としての活動はしにくい。そこで東京のあるホテルの一室を借りており、そこを著者活動などの拠点にしている。

打ち合わせは、ほとんどの場合、彼が拠点にしているそのホテルや、都内の高級ホテルのラウンジで行っている。

打ち合わせと打ち合わせの間にインターバルを取り、カバンの中を整理したり、入れ替えたりができるのはそのためだ。一つの打ち合わせが終わると次の打ち合わせまでの時間に、ホテル内の自分の部屋に戻り、カバンを整理してくるわけだ。

彼流のカバンの整理のコツは、次のとおり。

「一度、カバンをひっくり返し、完全に空にしてしまう。それから、次の打ち合わせのた

めに必要なものをイチから入れていく。つまり、毎回、カバンの中を完全にリセットするわけですね。

こうしているうちに、頭の中もリセットされて、1日に何テーマか打ち合わせしても、混乱することがなくなります」

カバンの整理と同時に、頭のスイッチも切り替えているというわけだ。

ちなみに、前の打ち合わせに使った書類やメモは、プロジェクトごとに、大きな紙袋に入れて、こちらもすっきり整理しているそうだ。

1日の終わりにこれを整理することも習慣にしているから、「Aさんに参考資料を送る」「Bさんに○○について返事をする」というようなこともチェックでき、約束を忘れることもないという。

●カバンの整理を習慣にすると、頭もすっきりする

この話をうかがってから、私もさっそく、毎日カバンを完全に空にして、全部入れ替える習慣を取り入れている。おかげでカバンには毎朝、必要なものがきちんと整って入っているようになり、うっかりの物忘れはもちろん、反対にいらないものや、ほかの仕事で使

ったものまで入っているということもなくなった。

また、カバンの入れ替えと同時に、次の仕事についての発想も入れ替える効果があり、頭の中が以前よりずっとすっきり整理できるようになった。

カバンの入れ替えは、その方や私のようなフリーランサー、つまり、日々、異なるプロジェクトを同時進行していくという仕事では、特に効果を期待できる。

だが、毎日、決まった職場に通う仕事でも、取り組む仕事は日々、微妙に違うのではないか。

とにかく、カバンの整理を習慣づけることをお勧めしたい。何が、どのくらいすっきりするか。一度、体験してみれば実感できるはずだ。

帰宅して、すぐにテレビをつけない

若者のテレビ離れが進んでいるというが、まだまだテレビは生活の中心的存在を占めている。あまりテレビは見ないと公言する私でさえ、テレビなしで暮らすのはやっぱり自信がない。

といっても、「この番組を見よう」「これは見逃せない」などと、しっかり番組を選んで、テレビを見ている人ばかりではない。むしろ、多くの人が、家にいるとなんとなくテレビをつけているのではないだろうか。

一人暮らしだったりすると、帰宅するとまずテレビをつけるという人も多いはずだ。

●テレビやゲームは時間泥棒

一日の仕事を終えて帰宅。でも、待つ人がいないわが家はやっぱりさびしい。そんなとき、テレビ画面からであっても人の声が聞こえてくると、気持ちが安らぐ……。そうであるなら、それはそれで悪いとはいえない。

だが、問題はその先だ。

テレビ番組はそれなりに面白いから、なにげなくつけたテレビをそのまま見続けてしまうことが往々にしてあるからだ。

ふと気がつくと30分、1時間とたっていて、そのうちに、今晩中に家でやろうと思っていた予定はどうでもよくなってしまう。いいや、明日の朝、早出して会社でやれば。いや、会社で午前中にやっつければいいさ……。

仕事だけではない。友達に連絡しておきたかったこと、洗濯やゴミ出しの準備など、テレビに時間を奪われたため、いろいろなことが滞《とどこお》る。

テレビのそばにはゲームのリモコンもある。テレビゲームやスマホのゲームにはまってしまったら、寝るのも忘れてゲームを続けてしまい、翌朝は睡眠不足で頭が働かない。身に覚えはないだろうか。

●見たい番組はすべて録画で見る

こうしただらしなさがお金の使い方にもつながっていく。そして、いつまでたっても毎月綱渡りで乗り切る、そんな懐《ふところ》事情から抜け出せないのだ、といわれても一言もない……ということになってしまう。

実は、私は昔からテレビは、原則としてリアルタイムでは見ない。あらかじめ見たい番組や番組表を見て「これは、面白いかもしれない」と思う番組は予約録画しておくのだ。

そして、自由に使える時間に再生する。こうすれば、つまらない番組だとわかれば削除すればいいし、ＣＭを早送りするなどで試聴時間はけっこう短縮できる。

ほかのことではだらしない暮らし方をなかなか改められない私だが、録画システムを取り入れてから、テレビに関してだけはきちんと自分なりに管理できている。

オール録画という習慣は、ぜひお勧めしたい。

LINEにすぐ返事をしない

電車に乗っても、カフェに入っても、いまやほとんどの人がスマホに見入っている。その多くはLINEでやりとりをしているといって間違いないだろう。

●急増しつつあるLINE依存者

現在、世界で5億人以上の人がLINEを使用しているという。会話のように短い一言、二言でさくさくコミュニケーションが進んでいくテンポもいいし、何より無料だという魅力も大きい。

だが、魅力的であるばかりに、LINE依存の人が急増しつつあるという新たな問題も起きている。

ＬＩＮＥが来ていないかどうか、気になってしかたなく、しょっちゅうスマホに見入っている。自分が送ると、それがいつ既読になるか、気になって仕方ないという人もいる。既読にならなければならないで、それが気になってたまらず、仕事もうわの空で、ちらちらスマホに目をやってばかりいる。

もともとＬＩＮＥは、通話やメールと同じようにコミュニケーション手段の一つ。「用があるから送る」ものなのだ。それなのに、「おはよう」とか「何してる?」などと意味のないメッセージをしょっちゅう送るようになったら、明らかに依存症の気味があると自覚したほうがよい。

●ＬＩＮＥに依存するのは自己管理能力がない証拠

こうした依存症になりやすい人には、以下の傾向が見られることが指摘されている。

＊自分のやりたいことを抑えられない。

＊目立ちたがり。

＊一つのことにこだわりやすい。
＊人からすすめられると断れない。
＊現実をしっかり受け止められない。

改めていうまでもなく、こういう人は、しっかり自分を貫いていくことが不得意だ。そのとき、そのときの気分任せで、やりたいようにやってしまう。これはお金の使い方にも現れるから、お金は意味もなくだらだらと出ていってしまう。

一見、なんの関係もなさそうなＬＩＮＥ依存症とお金とは、想像以上に深くつながっていることを自覚したい。

小さなマナー違反をしない

ゴルフを本当に楽しむなら、海外のゴルフ場でプレーするほうがいい。

そう考える人が増えているそうだ。ゴルフをするなら海外に限ると、ハワイや西海岸のゴルフ場をしょっちゅう行き来している、という知人もいる。

日本にもいいゴルフ場はあるのだが、問題は「プレーする人のマナーがどんどん悪くなってきていることだ」というのだ。

ゴルフはもともと紳士のスポーツ。スコアはもちろん、深いラフに打ち込んでしまった場合なども、ボールが落ちた場所から動かさなかったかどうか、というようなこともすべて自己申告に任されている。こんなスポーツはほかにない。

●品位ある行動を自然にとれているか

ところが、日本ではゴルフが大衆化するとともに、マナーの乱れも目立つようになってきた。

こういう言い方は批判を招くかもしれないが、概して、お金持ちは行動に品位があり、マナーもちゃんと守る。一方、お金にあまり縁がない人は、マナーやルールを無視しても平気。人が見ていないところなら、少しぐらいのズルは平気なのだ。

ゴルフのジェントルマンシップを愛している人は、日本のゴルフ場の多くが庶民化してしまい、その結果、フェアネス（公平さ）を重んじるというゴルフの基本精神が崩れてきてしまったことにイヤ気がさしてしまっている。なんだか深く考えさせられる。

●マナーとお金には相関関係がある

豊かな人のほうがマナーを守り、品位ある振る舞いをするという例は、ほかの場合にもよく見られる。

車の運転もその一つ。運転があまり得意ではない私は、「なるべく高級車の後についたほうがいいよ」と教えられたことがある。高級車に乗っている人のほうが運転が丁寧で安全だから、というのがその理由だ。

「貧《ひん》すれば鈍《どん》す」という言葉があるが、お金に不自由するようになると、気持ちもすさんできてしまう傾向が見られるのだ。

私は、残念ながら、「お金持ちです」と言い切れるほど豊かな人間ではない。それでもときどき、高級レストランに行ったり、たまに奮発してオペラ公演などに出かけることがある。

もちろん、味や雰囲気、演技そのものを味わうのが目的だが、それ以上に得るものが大きいのは、そこに集う人たちのさりげない、しかし完全に身についた品格のある立ち居振る舞いに触れられることだ。出かけるたびに、せめてその片鱗《へんりん》でも身につけたいと学びにいくに近い気持ちもある。

豊かな人になりたいと願うなら、まずは、そうした人の立ち振る舞いを真似してみようではないか。お金もかからず、いますぐ実行できることだ。

第2章

お金と真摯に向き合うお金持ち

この心がけが将来の余裕を生む

契約書をすみずみまできちんと見る

フリーで書籍の編集に関わっていると、さまざまな著者が出版契約を結ぶ場に立ち会う機会も多い。

そうした体験を通してわかってきたのは、お金持ち、つまり、何らかの分野でひとかどの成功を収めた人は、契約などに非常にシビアだということだ。

●契約書は自分の仕事の評価でもある

本の出版をするときは、版元と著者は出版契約書を交わすことになっている。契約書は、印税は初版時○○％、再販からは××％などと細かく書いてあり、なんだかややこしく、細部まで読むのは面倒だと思いがちだ。

契約書は、たいていの場合、見本刷りができ上がったところに交わすのだが、このとき、成功者といわれる人はきちんとすみずみまで目を通し、小さなことまで説明を求めてくる。

たとえば印税率は、初版部数にもよるが、ほとんどの場合、1パーセント違ったとしても、金額にして数万円程度しか違わない。それでも、彼らは、たとえ1パーセントのダウンでも、その理由に納得しなければイエスといわない。

仕事に対する誇りもあるのだろうが、仕事ができる人ほど、概してお金にもシビアだという傾向は明らかだ。

最近は出版不況が進み、一般的には、初版時に入る印税など、お金持ちにとっては大した金額ではないことがほとんどだ。だが、そこが出版の妙味で、ベストセラーになれば1冊の本で億単位のお金が入ってくることもある。累計数千万部を売り上げるヒットコミックの著者を知っているが、彼の年収は数億円だ。

契約書にきっちり目を通すのはお金へのこだわりというよりも、支払い条件は、自分の仕事への評価。そして、お金に関することまで含めて仕事なのだという認識があるからだと思う。

一方、契約書を差し出すと「ああ、これね。お任せしますよ。……で、ぼくはどこにサインすればいいの？」とろくすっぽ、内容を確かめようとしないまま、早々にサインをする人もいる。

長年の経験から、私自身は前者のほうをより信頼している。契約時、お金に関する事柄をしっかりチェックしない人は、仕事に対しても責任ある態度をとるとは思えないからだ。

●請求書の仔細を読む人・ざっくりしか見ない人

本を出す場合だけではない。ふだんの暮らしでも、請求書など、お金に関する連絡を受け取ることは考えている以上に多いものだ。そうした書類が届いたとき、きちんと目を通しているだろうか。

実は、私は細かなことが苦手で、請求書などでも詳細は読まずに請求された金額だけを支払う、という人間だった。

だが、書類にはきちんと目を通す人を多く見ているうちに、これではいけないと思うようになり、最近は、クレジットカードの請求書などが届くと、きちんと目を通し、手元の控えと合わせてチェックするようにしている。

クレジットカードの請求書は、だいたい過去1か月の買い物の記録だ。請求書に目を通すと、「これはいい買い物だったな」と改めて満足感が込み上げてくるものもあれば、反対に「これは不要な買い物だった」と反省することもある。

請求書のチェックは、1か月のお金の使い方を見直すチャンスにもなるといってよいだろう。

●意外に知らない給料の支払い額と支給額の差

では、給与明細書にしっかり目を通しているだろうか。

関心があるのは振り込まれる金額だけだとばかり、明細書なんかじっくり見たことがないという人が多いのではないか。

私も給与所得者だったころは、明細書なんかに用はない、肝心なのは支払い額だと明細書には目もくれない人間だった。

だが、ある日偶然、明細書の初めに書かれている支給額と、実際に振り込まれる金額の差が意外なくらい大きいことに気付き、頭から一つずつチェックしてみた。

すると、給与から想像以上にいろいろなものが差し引かれていることに、あらためて驚いた。税金は当然だとして、ほかに健康保険料、介護保険料、年金、失業時などに備えた社会保険……。

もちろん、こうした負担で、社会のセーフティネットが維持されているわけだから、仕方がない負担と考えるべきなのだろうが、私の実感からいえば、健康保険料や介護保険料などの負担は、認識していた以上に大きなものだった。

●〝社会のお金〟に鷹揚すぎるのは考えもの

こうした負担感を意識することはすごく大事だ。その重さを知れば、使いみちにも関心を持つようになり、政治や行政のあり方についての関心が高くなる。

お金には2種類ある。自分自身のお金、そして社会のお金だ。

本当に豊かな暮らしは、この両方が満たされなければ実現されないことを、もっと真剣に考えよう。

少子高齢化が進んでいる日本では、特に〝社会のお金〟をどのように回していくかが肝《きも》となる。これからの社会の豊かさは、ひとえにここにかかっていると言えるからだ。

お金の話を避けない

日本では、お金のことを人前で口にするのは、「品がない」「いやしいことだ」と考える人がまだまだ多い。

特に、芸術的な仕事や文筆家などは、お金にこだわらず、「いい作品を書くことだけで頭がいっぱいだ」というような人が理想のイメージになっている。

お金のことは当然の、そしてある意味、最大の関心事だと思うのだが、それを口に出すと「お金にキタナイ」といわれかねない。だから、喉元《のどもと》まで出かかっていても、ぐっと飲み込んでしまう人も少なくないのではないか。

●お金の話は汚く、品がない？

なぜ、お金の話は汚く、品がないのだろう？

こう聞かれて、ちゃんと説明できる人はいないと思う。

私のように、フリーで編集や原稿を書くことを仕事にしている立場でも、オファーがあったとき、「この仕事をすると、ギャランティはいくらなのだろうか」ということはなかなか口にできない。

お金の条件の提示がなければ、仕事を引き受けるかどうか、態度を決められないのは当然だと思うのだが。

時には、報酬を示してくれる場合もある。だが、この金額に不服があっても口にはできない。口にすれば「態度が悪い」というレッテルを貼られるだけだからだ。

そうしたことからか、最近は俳優や歌手などだけでなく、作家や画家、評論家などでもマネージャーをつけたり、事務所に所属したりする人が増えている。

交渉事の専門家が間に入れば、こちらの条件を逆提示しやすく、お金の話などの交渉をスムーズにまとめられるからだろう。

でも、もう、こういう考え方からは抜け出さなければいけない。お金の話はけっして汚い話題ではない。むしろ、お金こそ、社会的にどう評価されるかをいちばんわかりやすく示すものだ。

お金のことはもっと自然に、もっと堂々と話ができるようにならなければおかしい。

それなりの報酬が発生するからこそ、仕事なのだ。それなのに「お金はどうでもいい」となれば、まっとうな作品ができ上がるかどうかも期待できない。

●経済的に成り立たなければ単なる〝道楽〟

ある知人の例だ。

彼はかなりの資産家だから、仕事からお金を得られなくても生活には困らない。そんな境遇だから赤字が出ても気に留めずに仕事を続けていたら、長年付き合ってきた税理士から「あなたの仕事は趣味ですね」といわれたという。

でも、この言葉もあまり気にせず、そのままの態勢で仕事を続け、赤字を出し続けていたら、税理士はついに「あなたの仕事は道楽ですね」というようになったという。

赤字を出しても平気という彼の態度は、なかばバカにされているといっても、言い過ぎではないだろう。

●なぜ日本人はお金の話をしないのか

「お金の話はできれば避ける」という感覚はふだんの生活にも浸透していて、日本では、子どもにお金の話をすることを避ける傾向が非常に強い。

もっとも隠せば隠すほど関心は高まるもので、子どもは子どもでお金に対して強い関心を持っているものだ。

無心に高いゲームソフトをねだったりする半面、学校行事で「○○円、明日、持ってきてください」などと学校でいわれると、「お金、大丈夫?」などと真顔で心配したりすることなどから、そうした傾向はうかがわれる。

ところが、せっかくお金に対する関心を持つようになったのに、親は、「子どもはお金のことなんか心配しなくていいの！」と叱りつけてしまうのだ。

こうした経験から「人前でお金の話をしてはいけない」という潜在的な心理が植え付けられてしまうのかもしれない。

●家族でもっとお金の話をしよう

生きていくのにお金は欠かせない。これは明らかな現実なのだ。だから、家庭でも、お金の話をもっとしたほうがいい。いや、すべきだと思う。

何をどう話すかは、子どもの年齢にもよるし、家庭の事情にもよるだろう。

私の友人は、一人娘が小学校に入ったときから、お金の話を娘とよくするようにしたという。

低学年のうちは、毎月の父親のサラリーを示す大きな円を描き、そこから住宅ローンや車の支払い、電気代やガス料金……などと必要な経費を挙げ、円の中を塗りつぶしていく。最後に残ったお金で、家族3人が毎日、ご飯を食べたり洋服を買ったりしているのだと、大まかな家計の仕組みを話したそうだ。

するとと、小学校低学年の子どもでさえ、「パパ、がんばっているねえ」というようになり、自然に、家計を支えている父親を尊敬するようになったという。

「子どもがお金のことなんか心配しなくていい」といいたい気持ちはわからないではない。でも、やがて大人になれば、お金に対する関心や知識は必要なのだ。

子どもには、家族が平穏に楽しく暮らしていくにはお金が必要なのだと上手に伝え、お金に対する正しい向き合い方を育てていくほうが大事ではないだろうか。

家族・子どもとも、お金について話す

そうはいっても、子どもにお金の話をいきなりするのは荷が重いという人もいるだろう。では、ペットの話はどうだろう?

子どもは少し大きくなると、必ずといっていいほど動物を飼いたがるものだ。そのときこそ、実は、お金の話をする大きなチャンスになる。

●ペットを飼うなら、家族で経費について話し合う

親族の1人に、アメリカ在住歴10年、3人の子どもはアメリカで育ったという人がいる。彼らに聞いた話だが、アメリカでは、家庭の問題は家族中でフランクに話し合うのが普通だそうだ。もちろん、お金についても話す。

たとえば、ペットを飼いたいということになると、ペットを飼うとエサ代がかかるし、病気になれば獣医さんにも連れていくことになる。そういう話を家族でして、「それじゃあ、ぼくのお小遣いを減らしてもいいよ」とか「私がアルバイトをして獣医さんの費用をためる」などと、子どももお金の問題をどう解決していくか、真剣に話し合うのだ。

私は、こういう習慣を日本でももっと取り入れるべきだと考える。

家族で動物を飼うなら、家族みんなで世話もお金も分担し合うという姿勢は大事だし、これをきっかけに、子どもたちも家計を考え、その一端を担うという考え方を自然に身につけていくことにもなるだろう。

●もはや巨大な産業となった日本のペット市場

ペットに関していえば、私は最近「?マーク」が際限なく大きくなってしまっている。

今日の空前のペットブームについてだ。

もちろん、欧米でもペット人気はかなりのものだが、欧米では、イヌやネコを飼いたいとなると、一般的にはイヌ・ネコの保護シェルターに行って、飼い主を探しているイヌ・ネコの中から選んで引き取ってくるのが一般的だそうだ。

一方、日本では、動物を飼いたい人はペットサロンに直行する。ペットサロンにいるのは血統書付きのブランドイヌ、ブランドネコばかりで、どれも数十万円はする。

それでも飛ぶように売れていくというから、みんな、どういう経済感覚なのだろうと、思わず首をかしげてしまうのだ。

ペットショップに聞くと、買い手は若い世代が多く、多くは3年程度の分割払いで買っていくのだそうだ。ここまで高価になると、子どもがお小遣いを減らしても、ちょっとばかりアルバイトをしても追いつかない。

正直にいうと、高価なペットを気軽に買う風潮が広がっていることと、スーパーのチラシに目を光らせ、少しでも生活費を安くあげようとしている人が多いことが、私の中ではうまくつながらない。

ペット関連産業の市場規模は1兆4720億円にのぼるという（矢野経済研究所調べ・

2016年)。この統計には、ペットフードから薬品、生体販売、医療、ペット保険などが含まれているというが、それにしても、想像以上に巨大な市場を形成していることには驚くばかりだ。

子どもがイヌやネコを飼いたいと言い出したら、あなたはペットショップに直行するだろうか。それとも「保護犬や保護ネコを探してみようね」と提言するだろうか。

お金の問題も無関係ではないが、そのどちらを選ぶかで、親が子どもに伝えるものは大きく違ってくると思う。

ちなみに、皇太子ご一家はイヌとネコ2匹を飼っておられるそうだが、いずれも保護動物だそうだ。

お金を稼ぐ人を尊敬している

少し、話がずれてしまった。お金をめぐる話に戻ろう。

前にも触れたが、日本では「お金を稼ぐ人になる」ことを目標にしていると公言すれば、

「いったい、この人は何を考えているのだろう?」と軽蔑《けいべつ》を含んだ目で見られるのがオチである。でも、本当にそうした態度は正しいのだろうか。

●お金は社会的評価の基準である

冷静に考えてみれば、お金を稼ぐ力とは、それだけ社会的に高く評価されるスキルや能力を持って初めて得られるものだ。

ほりえもんこと堀江貴文氏は、「お金は最も公平な価値基準です」といっている。「最も」であるかどうかは別にして、少なくとも現代社会では、お金を稼ぐ人＝優秀な人、であることは事実だといえるだろう。

いちばんリアルなのは、スポーツの世界だ。

世界のトップ選手たちはいったいどのくらい稼いでいるかというと、年収トップはサッカーのクリスティアーノ・ロナウド選手で約94億円と、ちょっとした企業の売り上げぐらいを稼いでいる（『Forbes』発表。「世界で最も稼いでいるスポーツ選手2016」より）。

次いで、同じくサッカーのリオネル・メッシ選手の約87億円、3位がバスケットボールのレブロン・ジェイムズ選手で約83億円だ。

ちなみに、日本人スポーツマンの稼ぎ頭はテニスの錦織圭《にしこりけい》選手の約35億円。世界ベスト100にはもう1人、野球の田中将大《まさひろ》選手が入っている。

田中将大選手は、2006年の楽天イーグルス入りから2020年のニューヨークヤンキースとの契約終了までで、野球による稼ぎだけで168億7000万円にのぼるそうだ。さらにCM契約料なども加算すれば、どれほどの金額になるのだろう。

この金額は、もっぱら田中選手の力量によるもの。彼の評価にほかならない。

●そもそも人間的魅力がなければ稼げない

ビジネス界では、日本一のお金持ちはソフトバンクの孫正義《そんまさよし》氏。資産額は2兆2640億円。2位はユニクロの柳井正《やないただし》氏の1兆8200億円だ。

以下、3位はサントリーホールディングスの佐治信忠《さじのぶただ》氏、4位がキーエンスの滝崎武光《たきざきたけみつ》氏、5位は楽天の三木谷浩史《みきたにひろし》氏（フォーブスがまとめた日本長者番付・2017による）。

サントリー以外はみな、現在の経営トップが創業し、現トップの素晴らしい経営手腕によって、大きく成長を遂げた会社だ。ユニクロの柳井氏は、親が営んでいた小さな洋品業を受け継いだそうだが、今日の世界的企業に育て上げたのは、間違いなく柳井氏の力によるものだ。

こうした例からもわかるように、現代社会では、「お金を稼ぐ人」はみな、飛び抜けた才覚や技術、多くの人がついてくるだけの人間的な魅力を持っている。

「稼ぐ力を持つ人になる」という目標を大きく掲げることをためらっているようでは、お金持ちになれないだけでなく、人間的に魅力ある人にもなれないともいえると思う。

「お金なんて、どうでもいい」と言わない

こうした突き抜けたお金持ちの多くは、もちろん、ものすごく努力し、がんばった人たちだ。それと同時に、かなりの幸運にも恵まれた人だといえる。

だが、その幸運、強運までも、みずからがグイと引き寄せた場合が少なくない。

●成功し、お金持ちになる人の共通点

飛び抜けた成功者たちは、チャンスにとても貪欲《どんよく》である人がほとんどだ。

たとえば、資金が足りないときには、ちゃんと頭を下げられる。人前で、どうしてもお金が欲しい、お金が必要だと胸を張っていえるのだ。

先に紹介した孫正義氏は、カリフォルニア大学の学生だったころ、起業資金を得るために、自分で開発した自動翻訳機を持ってシャープに売り込みに行き、目的どおり、1億円を調達している。20歳そこそこのときの話だ。

このとき、孫氏はこの自動翻訳機がいかに優れているかを堂々と主張。1億円という当時としてはとんでもない高額を示して、一歩も引かなかったという。

●「お金にこだわらない人」は、なぜ信用できないのか

多くの人はこれができない。

それどころか、お金の話になると、突然、妙におとなしくなってしまい、「いえいえ、お金にはこだわりません……」などと言い出してしまうのだ。

当人は遠慮深く、品よく振る舞ったつもりかもしれないが、私は、お金は二の次、お金にはこだわらないという人は信頼できない、と考える派だ。

仕事に自信があれば、そしてきちんと誠意を尽くす気持ちがあるならば、お金について

も自分なりの希望や考えをきっちり述べられるはずだと思っている。

厳しいご時世だから、いつでも希望どおりに事が進んでいくとは限らない。だが、そんなときでも言うべきことはしっかり言う。お金に関しては、特にそうだ。

お金の話も仕事のうちだという価値観をしっかり持ち、お金の話がちゃんとできて初めて、社会人として一人前なのだと意識すべきではないだろうか。

お金に失礼なことを言わない

サラリーマンの酒のサカナはだいたい、給料が安いという嘆《なげ》き節だ。

だが、こうした嘆き節はその場の雰囲気を盛り上げはしない。暗い雰囲気では気勢が上がらず、お金との関係が悪くなることはあっても、よくなることは絶対にない。

なぜなら、お金は明るい雰囲気、ポジティブなところに吸い寄せられるといわれているからだ。

●不満を口にするより、まずは現状に感謝せよ

欲をいえばキリがないが、現在、安定的に働ける会社があって、毎月きちんと給料をもらえることは、とても恵まれているということに気づいてほしい。

そんなことになっては困るが、リストラされたり、最悪、会社が倒産した場合など、再就職は想像以上に難しい。

社会はそれほど厳しいことを肝に銘じておいたほうがいい。

不満を口にする前に、現在の状況を心から感謝する気持ちをもっと大事にすべきだ。そのうえで、もっと上を目指す。

不平不満から進みだそうとすると、エンジンはかかりにくい。だが、感謝を前提にさらなる前進を目指せば、エンジンはもう温まっているから加速しやすい。

感謝は、お金を稼ぐときにも原動力、起爆力になりやすいものだ。

●「家計の柱」への感謝を忘れない

主婦にも同じことをいいたい。

家事や子育ては大変な仕事だ。だが、子どもは成長が早く、小学校中学年ごろには手が

離れる。そうなれば主婦は、子どもが学校に行っている間はのびのび自由な時間を持てるようになる。

その時間で何をしているか。それをよく考えてみてほしいのだ。

都心のちょっと名の知れたレストランのランチタイムをのぞいてみると、ほとんどの席は、こうした主婦たち、いわゆるママ友ランチを楽しむ女性たちで埋まっている。

「昼食は妻がセレブで俺セルフ」

サラリーマン川柳にもこうあるように、ママたちは優雅にランチタイムを楽しみ、一方、夫であるサラリーマンはセルフサービスの安い店やワンコインランチなどを食べている。

ちょっとした有名レストランなら、サービスランチといっても、グラスワインを1杯飲んだりすれば5000円前後はするだろう。とはいえ、それをムダ遣いだというつもりはない。

主婦たちだって、毎日、こんなランチを食べているわけではないだろう。たまには精いっぱいおしゃれして、優雅な時間を持つことは自分磨きにも通じるはずだ。

むしろ、積極的にこうした機会を持つことをお勧めしたいとさえ思っている。

私が指摘したいのは、こんな時間を持ちながら、主婦たちは夫への感謝を忘れてしまうということだ。

暑い日も寒い日も、夫が働いてくれるからこそ、いまの生活が成り立っているのだ。そんな夫に十分、感謝しているだろうか。給料を運んできてくれる夫に十分感謝をしないことは、お金に対してとても失礼な行為になることをもっと意識したほうがいい。

●「給料が低い」とグチるのは百害あって一利なし

給料が安い、とグチるのはもっといけない。お金に対する最大の失礼だといっても過言ではない。そんな失礼を重ねてきて、それでいてもっとお金が入ってくればいいのに、というのは勝手すぎる。

まず、給料をもらえることに対する感謝を忘れないようにしよう。満足できる額ではないとしても、毎月、給料を稼いでくれている夫にも心から感謝しよう。

少なくとも、現在の生活はそれで成り立っているのだから。

まず、そのことに感謝すること。それも必ず、言葉に出していうことを心がけたい。

「パパのお給料のおかげで家族が元気に暮らしていかれるのだわ。いつも、本当にありがとう」

こう心を込めていい、「できれば、もう少し増えるといいのだけれど……」という不満は、心の中でいうにとどめるのだ。

すると、不思議なことに気持ちも大きく変わってきて、家計を支えるお金を稼いでくれる夫が少し頼もしく見えてくる。

感謝はお金を取り巻く運気を好転させる。少なくとも、こうした気持ちで暮らしていると、不思議なことに「お金が足りない」「もう少し給料が増えれば……」という不満とは縁が切れてくる。

「隣の芝生」を羨まない

「いつもいいネクタイをしているし、アイツはいい給料をもらっているんだろうな」

「○○さんの奥さんは幸せよね。ご主人は外資系にお勤めだそうだから、お給料もすごく高いんじゃないかしら」

こんなふうに、まわりの人を見ては、根拠もないままに羨《うらや》ましがっている。こういう人も、お金とのいい関係はつくれない。

そもそも、そんなに高給をもらっている人など、身のまわりにゴロゴロいるはずはないことも知っておいたほうがいい。

サラリーマンなら、自分が満足するであろう年収を聞かれると「1000万円」という人が多いそうだ。だが、実際に、年収1000万円以上の人は男性で6・7パーセント、女性では0・8パーセント、全体では4・37パーセントしかいない(国税庁平成27年分・「民間給与実態統計調査」)。

しかも、実際に年収1000万円以上の人の生活実態調査によると、約7割が「贅沢できない」「リッチではない」と答えているという。

この生活実感はいま、自分が感じているのと同じものだと思うと、なんだか笑えてくる。

●立場を入れ替えて考えてみる

「隣の芝生《しばふ》」という言葉がある。

どう見ても、隣の家の芝生のほうが青々と見える。ところが、反対に、隣の庭に立って自分の家の芝生を見ると、「あれ、うちのほうが青々としているかな?」となるのがオチなのだ。

自分の家の庭は足元までよく見えるので雑草なども見えてしまい、きれいに見えない。でも、隣の庭は遠目になるのできれいに見える。

懐《ふところ》事情についても同じだ。

知り合いのあるドクターは「クリニックを開業しているというと、お金持ちに違いないと思われて困っている」と笑っている。最近はクリニックも高価な医療器具をそろえなければならず、高額の借入金を抱えていることが多いので、内情はそう楽ではないそうだ。ところが、他人はそんなことは想像さえせず、「医師＝リッチ」と決めつけるのだ。

●人を羨むのは、今の自分を認められないから

人を羨《うらや》ましいと思う気持ちは、自分の現状を受け入れていない、つまり自分を否定する気持ちに端を発していることが多い。

否定からは何も生まれない。これはお金に関しても同じだ。

お金を否定していると、お金はしだいに遠ざかってしまうといわれていることをご存じだろうか。

他人と自分を比べたくなる気持ちを、完全に抑え込むことはできないかもしれない。だったら、自分を否定することのない比べ方をしてはどうだろうか。

たとえば「お隣はリッチそうだわ。自分も早くそうなれるようにがんばろう」と考えるようにすれば、自分を否定することにはならない。

それどころか、自分に活を入れることになり、何かが少しずつ変わっていくだろう。それが明るい希望につながるような気がしてくる。

割り勘をスマートにできる

「近いうちにお食事でも」はビジネスマンにとっても、ふだんの付き合いでも、非常にうれしい響きがある。「もっと深いお付き合いをしたい」といわれたに等しいからだ。

食事の席では個人的な話題に花が咲き、実は趣味が同じだったことがわかったりすれば親しさがぐっと増し、それ以後のコミュニケーションがぐんと楽しくなったりする。

だが、こうしていいムードで進んでいた食事の席も、支払い段階になって、妙にギクシヤクしてしまうことは少なくない。

「ここは私が」「いえ、私がお誘いしたのですから」と伝票の取り合いになり、気まずくなってしまうことがあるからだ。

●「それぞれが支払う」を原則にする

成功者たちは、こういう場の支払いの仕方がとてもスマートだ。

どちらかがクライアントである場合をのぞいて、基本は割り勘がいちばんと考えていて、だからといって、「じゃあ、割り勘で」などと無粋なことは口にしない。

さっと伝票を手にすると、キャッシャーに向かうとちょっと振り向き、「それぞれが支払う、でよろしいですか?」とまず、自分の分を支払う。

同じものを注文し、料金が同じ場合でも、それがスマートで面倒がないことを知っているのだ。

あるいは、請求書をチラッと見て「1人4000円ずつね」のように、割り勘といってもだいたいの数字で割り当てる方法もある。

たいていは言い出しっぺが半端なお金を持ち出しになることが多いものだが、せいぜい

100円単位である。そのくらいは誰かが多く支払っても、そううるさくいう必要はないのではないか。私はこうした、ゆるい割り勘も好きだ。

●品のない割り勘は店に失礼

あるとき、銀座の有名フランス料理店でビジネスランチをしたことがある。

こうした店のランチタイムには、主婦らしい女性が友達連れで来ていることが多い。ディナータイムと違って、お昼はリーズナブルな料金設定なので、主婦のお小遣いでも楽しめるところが多いのだ。

前にも触れたが、たまには主婦も一流の店の料理や雰囲気を味わうことは大賛成だ。ぜひそういう体験を増やし、人生を豊かにしていってほしいと思っている。

ところが、主婦たちの多くは、こういう店でのマナーを知らない。この日、見かけたある主婦グループは、食卓でスマホの電卓画面を開くと「1人、○○円よ」と大きな声で言い、一円玉のやりとりまでしているのだ。

割り勘をするなら、誰か1人がまとめて支払い、店を出てから精算するくらいの気配りが欲しい。

●おごり、おごられもスマートに

今日は自分がおごると決めている場合は、請求書を手にし、さりげなく「今日は私に持たせてください」などと小さな声でいうとスマートだ。

よく「トイレに立つふりをして先に支払うといい」などと紹介しているマナー本を見かけるが、果たしてどうだろうか。そのあたりの阿吽《あうん》の呼吸は、そのときの顔ぶれやタイミングによればいいと思う。

また、せっかく、その方が「今日は私が……」といっているのに、「いえいえ、とんでもない」などと言い合いをするのは、品を損なう。

相手がおごりたいという意思を示しているなら、「それでは今日はごちそうになります。ありがとうございます」といって、素直にごちそうになればいい。いや、なるほうがいいだろう。

厚意は喜んで受けるほうが、相手もうれしいはずだ。そして、その次に、ではなく、しばらくしてから機会を見てお返しをする。

お金持ちの多くは、このあたりの振る舞いが見事な人が多いことも知っておこう。

ただ貯めようとしても、お金は増えない

お金が欲しい。こう思ったことがない人はいないと言い切ってもいいと思う。そして、実際にせっせと銀行にお金を運んでいる人も少なくないだろう。

日本人は世界的にも「預金好き」で知られている。2人以上世帯の平均貯蓄額は、1309万円（総務省家計調査・2015年）である。しかし、ご存じのように、平均値は高額を保有している人の数字によって引き上げられるから、この数字は実感値とは少し違うはずだ。

そういうところから、最近はよく中央値が使われるが、中央値だと1世帯あたりの貯蓄額は761万円。これが、日本人の懐事情の実体だ。

●貯蓄があっても豊かさを感じないのはなぜ?

数字を紹介しておいて勝手なようだが、こうした数字はあくまでも目安にすぎない。どの家にもそれぞれの考え方や暮らし方があるものだが、貯蓄はそれほどなくても楽しそう

に暮らしている人のほうが生き方じょうずで、精神的には豊かだといえよう。

一方、これだけの貯蓄を持ちながら、現在、多くの人が豊かさを実感できないでいる。その理由は、実は日本人がお金を積極的に使わないからだと指摘されている。

実は、預金の多くは高齢者が持っているのだが、彼らは「病気をしたときのために貯金は不可欠」とか、「将来、老人ホームに入ることになったらお金がいる」などという理由で、お金を使わない。ある週刊誌の記事によれば、3000万円以上の預金を遺して死んでいく人がかなり多いというから、もったいないことこの上ない。

お金は社会の血液だとよくいわれる。実際、お金が循環していないと社会の活力が低下し、経済は停滞に向かってしまうのだ。

●お金は使わなければ活力を失う

個人のレベルでも同じ原理は働いている。

お金をためることは悪いことではない。多くの人はそう思い込んでいるに違いない。だが、お金は流通させる、つまり、手元から放さなければ活力を失ってしまうのだ。

預金通帳にどんなに大きな数字が並んでいたとしても、ただの数字の羅列にすぎない。

お金の真の価値とは、お金を使い、お金が生き生きと動いているときに初めて発揮されるからだ。

そのことをきちんと実感できているだろうか。豊かな人とそうでない人の違いは、ここで生まれる、と私は考えている。

自分でいうのも何だが、私はかなり気前がいいほうだ。必要なもの、というより、本当に欲しいと思うもの、これを買ってあげたらあの人が喜ぶだろうなというようなものと出合うと、けっこう太っ腹にお金を使う。

使った瞬間、「またやってしまった!」と思うことはあるが、その後、大きな満足感を得たり、贈った相手がものすごく喜んでくれたりすると、それで大々満足し、むしろ「ああ、よかった」と深い充足感に満たされる。

だから心底から、多少、手元のお金が減ったとしても、得るものはそれ以上に大きい、と断言できる。

●お金は、目標を立て、使うために貯めよう

もちろん、お金をためること自体を否定するつもりは毛頭ない。預金はないよりはある

ほうがずっといいことはいうまでもない。

問題はため方だ。やみくもにお金をためるのでは守銭奴《しゅせんど》と大きな違いはない。守銭奴とはお金をためることに異常にこだわる、いわゆる銭ゲバみたいな人のことだ。

繰り返しになるが、お金の本質はためるところにあるのではなく、使うところにある。つまり、使うためにお金をためるのでなければ、生きたお金にはならないのだ。

お金をためるならば、目的をしっかり持とう。「長く使えるような、しっかりしたバッグを買いたいから」とか「今年はパリ旅行を実現させたいから」というように、使いみちがはっきり見えている預金は、生きた預金になる。

最近は、若い人の間にも老後不安が広がっており、まだ十分若いのに、老後に備えて預金をしている人も珍しくないそうだ。

もちろん、預金ゼロでいいとはいわないが、老後を満たすのは、若いときから、いかに人生を楽しんできたかだ。思い出すだけで、心が満たされてくるような経験や思い出なくして、充実した人生があるとは思えない。

預金通帳の数字を増やすことよりも、人生経験をできるだけ増やしていく。基本はそういう考え方のほうが豊かに満たされた人生になると、私は確信している。

お金の使い方に迷いがない

私自身は、けっしてお金持ちだとはいえないが、いまも述べたように、心の底から欲しい、そうしたいと思ったことにお金を使うことは少しも惜しくない。

お金持ちとの付き合いを通じて、何よりも心を満たすために使うことが、お金を生かすいちばんの方法だと感じるからだ。

●本当に欲しいもの以外は買わないお金持ち

ときどき、仕事で付き合いのある成功者たち、つまり、お金持ちと銀座などを歩くことがある。そんな機会に、何回か、彼らが買い物をする場に居合わせたが、彼らの買い物は端で見ていても気持ちがいい。

迷いやためらいがなく、即決断。お金の使い方が実にスマートで、潔《いさぎよ》いのだ。

「お金があるから迷わないのだろう」と決めつけるのは、早合点《はやがてん》もいいところだ。そうではなく、彼らは自分が欲しいものがちゃんとわかっているのだ。その代わり、本当に必要なもの、本当に欲しいもの以外には目もくれない。

以前の私がそうだったが、貧しい人ほど、それほど必要ではないものでも「お買い得!」とか「○○パーセント引き」などと書いてあると素通りできない。タイムサービスなどと聞くと、なぜだかわからないが、「いま買わなければソンだ」と思い込み、焦って買ってしまう。

両者の違いは、お金があるかないか、ではなく、自分自身をきちんとわかっているかどうか、なのだ。

実際、お金持ちはどんなに安くても、お買い得でも、自分に必要がないムダなものには財布は開かない。あくまでも、自分主体にお金をきちんと使っている。自分の価値基準が確立されているので、お金を使う優先順位がわかっているのだ。

●衝動買いで失敗しても前向きに解釈する

もう一つ、気づいたことがある。

豊かな人でも希《まれ》に衝動買いをして、多少の後悔をすることはある。だが、そんなときもすぐに切り替え、「今日はいい勉強をしたよ」とか「よく見ると、そんなに悪くなかったな。

かえって視野が広がったかもしれない」などといい、お金を使ったことをネガティブに考えないのだ。

あるお金持ちから、こんな話を聞いたことがある。

彼は「趣味はショッピング」と言い切るくらいよく買い物をする。そのくらいだから、衝動買いのレベルが違う。100万円以上するような高級ブランドの皮のジャケットだったりするのだが、ここからが、お金持ちになる人の真骨頂《しんこっちょう》だ。

私なら、身に過ぎた衝動買いをすると猛反省したり、「ああ、やっちゃった！」、「次からは気をつけよう」などと落ち込んでしまう。

だが、彼は違う。こう考えるのだ。

「もっと仕事を成長させて、このくらいの買い物をしてもカード決済が気にならなくなるよう、がんばろう」

とことん、前向き、ポジティブなのだ。

とにかく、もう買ってしまったのだ。その衝動買いを、そこからさらに大きく前に踏み出すエネルギーに変える。お金持ちになる人は、こんな前向きの姿勢を持っているものなのだ。

こうしたことを間近で見ているうちに、私も、本当に欲しいものに出合ったときには迷わずに即断し、お金を使ってしまった後にグチグチ後悔することはやめようと思うようになってきた。

特に、お金を使った後に後悔するのは最悪だ。仮に、「あ、失敗だったかも」と思うような使い方をしてしまったとしても、「いい勉強だった」と考えを切り替え、以後同じ失敗はしないようにすれば、そのお金の使い方はポジティブで、生きた使い方に変えられるからだ。

「お金を稼ぐのに教養はいらない。しかし、カネを使うには教養が必要だ」

解剖学者で、人気エッセイストとしても知られる養老孟司《ようろうたけし》氏はこういっている。

この言葉どおり、お金をどう使うかに、その人の器量は隠しようもなく現れるものだ。いいお金の使い方を知っている人は、お金を使うことによって世界を広げ、人間関係をいっそう豊かにしてどんどん幸せになっていく。

目指すべきは預金の残高を増やすことではなく、こうした目に見えない、でも、確実に人生を豊かにしてくれる体験を増やしていくことなのだと心に刻もう。

自分のために惜しみなくお金を使う

お金持ちとの付き合いを通じて学んだことが、もう一つある。

自分自身に積極的にお金をかけていることだ。

もう十分に成功していると見えるのに、ビジネスエリート対象の勉強会や講演会に時間をつくって出かけていく。私から見れば、自由に英語を話していると思えるのに、いまもネイティブの講師について毎週1時間程度、会話力を磨いている知り合いもいる。

あるいは、個人トレーナーについてしっかりと体をつくっている人もいれば、会員制クラブに入会し、ワンランク上の雰囲気の中で社交とお酒を楽しむ人もいる。

こうして自分にお金をかければ、自分自身もまわりの人間関係もしだいに高まっていき、その結果、自然によりリッチな世界に導かれていくことを知っているのだろう。

●絶対にソンのない、自分への投資

知り合いのある成功者が、「自分への投資は絶対に裏切らない。だから私は、最大限、自分自身に投資を続けていく」といっていた。

もっと自分に投資しよう。自分磨きにお金をもっと使うようにしよう。時には、いつも行く近所の美容院ではなく、原宿や表参道にあるおしゃれなヘアサロンでカットしてもらう。これだって、自分への投資の一環だ。

2017年7月にメキシコリーグのパチューカに移籍したサッカーの本田圭佑《けいすけ》選手は、ミラノ在住中、お気に入りのヘアアーティストを月に2回ほどの割合で日本から呼び寄せ、髪形を整えていた。その費用は、ビジネスクラスの航空運賃込みで年間1000万円以上（!）なのだとか。

ちょっと驚くが、イメージアップのためにはお金は惜しくないという姿勢には、一種の気迫を感じる。

自分を高め、真剣勝負をするために、ここまで投資をしていることには、むしろ敬意を表すべきだろう。

●経験や思い出はプライスレス

私は若いころから、経験を積むためには惜しみなくお金を使ってきた。「お金で買えない価値がある……」という某カード会社のＣＭではないが、経験や思い出はプライスレス。値段がつけられないほどの価値を持っていると考えているからだ。

そうしてお金を使ってきてしまったから、預金は十分あるとはいえないが、それを後悔したことは一度もない。

経験を積むにはタイミングがあるからだ。そのタイミングを逃さないためにも、機会があるときには「エイヤ！」とばかり、あれこれ考えずにお金を使おう。

私同様、お金には換算できない経験や思い出を大切にするという考えを持ち、人生経験の〝蓄え〟をふんだんにつくってきた友人も何人かあるが、私も彼らも、自分を貧しいとは思っていない。

豊かさを実感させてくれるのは、必ずしもお金だけではないと確信しているからだ。

もちろん、経験や思い出づくりをするとき、いずれこれがお金になる、と期待していたわけではない。だが、結果的に、こうしたさまざまな経験は仕事の幅を広げてくれた。

私の場合も自分に対して使ったお金は、仕事を引き寄せ、お金を引き寄せてくれたといえると考えている。

愛のあるお金の使い方をする

自分のために使うお金も価値があるものだが、最も価値があるのは、人のために使うお金である。

人のために使うお金には、愛情が乗り移っている。そうしたお金の使い方をよくしていると、不思議なくらい、お金でイヤな思いをすることがなくなるものだ。

愛のあるお金の使い方とは、たとえば、子どもが母親の誕生日に、ためたお小遣いで母親へのプレゼントを買うとか、結婚記念日に、お互い、こっそりためていたへそくりで、相手が欲しがっていたものを買う。こんなお金の使い方をいう。

誰かのことを思いながら買い物をするときの幸福感は、誰でも身に覚えがあるのではないだろうか。

実際はお金を使って手元は貧しくなるわけだけれど、心の中はほっこりとして、小躍りしたいくらいうれしく、楽しい気分をもたらしてくれる。

自己啓発書などにはよく、そういう幸福感が強運を呼び込み、お金を引き寄せてくると書いてあるが、たしかにこうした深い幸福感は運気を高める効果があるようで、現実的にも豊かさに通じていくという例を耳にすることは多い。

●お金持ちが行き着く究極は慈善事業

愛のあるお金という言葉で思い浮かべるのは、ビル・ゲイツの生き方だ。マイクロソフトを創業、コンピュータ時代の覇者となったビル・ゲイツは50代でビジネスから引退すると、奥さんと連名の慈善活動団体を立ち上げて、以後はもっぱら世界中の困っている人を支援する活動に専念している。

ありあまるお金を、愛の活動に注ぎ込んでいるというわけだ。

世界一のお金持ちなのに、ビル・ゲイツは一般の飛行機に乗るときは極力、エコノミークラスに乗っているそうだ。ファーストクラスでもエコノミーでも到着までにかかる時間は同じである。ファーストクラスに乗るなんてムダなお金の使い方だ、というのがその理由だ。

ホテルにしても、豪華なスイートルームなどは必要ないという。静かに寝られ、インターネットがつながればそれでいいのだと。

愛のためには惜しみなくお金を使う一方で、ムダだと思う出費はしない。

こうしたビル・ゲイツのお金の使い方は、お金を生き金として使う方法を教えてくれる。

●小さな慈善事業はすぐにでも始められる

ちょっと話は小さくなるが、私の知人の1人に、コンビニやスーパーなどで買い物をしたとき、お釣りから十円玉以下のコインは、レジ前の寄付金入れに入れてくる、と決めている人がいる。

ふだんからお金を、このような愛のある形で生かす習慣をつけることはぜひ、お勧めしたい。

日本はまだまだ寄付文化が育っていないようで、大震災や豪雨被害などのときにも、一般の人からの寄付はなかなか集まらないと聞く。でも、ふだんからちょっとしたお釣りを寄付する習慣をつけていれば、災害時などにはもっと自然に寄付できるようになっていくだろう。

ユニセフなどを通じて、世界の貧困地域の子どもの支援活動などにももっと関心を持つようにしたい。こうして愛を込めて手放したお金は社会に広く流れていき、社会全体のお金の流れをスムーズにしていくものだ。

それは巡り巡って、自分のところにも流れてくる。本当の豊かさとは、こうして実現されていくものではないだろうか。

第3章

お金持ちの財布はここが違う

大事な"お金の家"はこうして整える

お金持ちは、財布にもとことんこだわる

お金持ちの知り合いが増えてきたとき、最初に気づいたのが、

「お金持ちはみな、財布にこだわっている」

ということだった。お尻のポケットからくたびれた財布を引っ張り出したり、ポケットから現金を無造作に取り出したりする人などいないのだ。

スーツの胸ポケットからさりげなく、しかし、十分に美しいしぐさで財布を取り出すと、必要なお金をすっと出す。そのお金もヨレヨレだったり、端が折れ曲がっていたことはない。お札をしまうときも丁寧に扱っているからだ。

一方、あまり豊かではない人は、使い込んだといえば聞こえがいいが、かなりくたびれた財布を平気で使っている。

しかも、お札をねじ込むように乱暴に入れるからだろう。取り出したお札がシワになっていたり折れていたりする。お金を大事にしていないことが見え見えなのだ。

ヨレヨレ派の多くは、どう扱おうとお金に変わりはない。お札が折れていようと、シワ

になっていようと、お金の価値に変わりはないと考えているのだろう。

たしかに、シワクチャの一万円札を差し出したからといって「こんな汚いお札じゃあ、9000円分の価値しかないよ」といわれることはない。

でも、人には感情というものがある。きれいなお金を出されれば、そのお客をいいお客だと思うものだし、そう思えば、おのずと対応も丁寧になる。

●財布を見れば、お金持ちかどうかは一目瞭然

お金を丁寧に扱う人は、お金の入れものである財布にも気を配る。趣味がよく、品質もいい財布を、丁寧に大事に使っているのだ。

財布にも気を配り、お金を心底、大事にする態度がしだいにお金を引き寄せ、だんだんお金持ちになっていく。

お金持ちたちを見ていると、たしかにこういう流れがある、と確信できる。

そう信じて、財布をきちんとしたものに替えてみることもお勧めだ。こうした努力をすることで、お金に対する気持ちが大きく変わってくる。

それだけでも、なんらかの結果は期待できそうだ。

●財布の格が、お金の扱いを教えてくれる

私は、もう十数年、ルイ・ヴィトンの長財布を愛用している。といっても、けっして高価なブランド財布を使っているのだと自慢したいわけではない。

実は、むしろ逆かもしれない。

ルイ・ヴィトンを使う前は、毎年、正月に新しい財布を買うことを習慣にしていたくらいで、しょっちゅう財布を買い換えていた。素材によっては、1年も使うと、お金を出し入れする部分などが黒ずんでくることがあり、それが気になるからだ。

だが、ルイ・ヴィトンに替えてからは、数年前に1度、買い換えただけ。それで、いつもきれいな状態で使うことができ、大満足している。

ルイ・ヴィトンは、私にとっては、買うときはちょっと気合が必要なくらい高価だから、扱いもおのずと丁寧になる。自然にお金の出し入れも丁寧になり、お札を入れるにしても、向きを整え、端が折れ曲がることなどないように、気をつけるようになった。

財布の格が、お金の扱いを教えてくれる。そんな感じを持つくらいだ。

どうも、お金との運に恵まれないと思っている人は、思い切って、自分史上最高の財布を持ってみよう。

財布を大事にすることから、自然にお金を大事にするように導かれていく。お金に対する姿勢が変わると、お金との運も確かに変わる。

少なくとも、私はそう確信している。

財布にはお金以外は入れない

前から不思議に思っていることがある。お金持ちの財布に、お金以外のものが入っている様子を見かけたことがないのだ。

●財布がスリムなお金持ち

お金を使えば、レシートがついてくるはずだ。小さな買い物ならばともかく、ちょっとした出費ならばレシートはしばらく保管しておいたほうがいい。不具合があり、商品を交換してほしいというような場合には必要になるし、税金を申告するときや必要経費として認めてもらうような場合も、レシートは必要だ。

だが、彼らは財布からお札を取り出すだけで、一緒にレシートまで出てきてしまう、というようなことはないのだ。

お金持ちたちは、レシートをどんなふうにしまっているのだろうか。

財布でなく、バッグの内ポケットなどにしまっているのかもしれない。いずれにせよ、支払いの後、まわりの人に気づかせることなく、素早くさっとしまうのだろう。

こういうスマートな身のこなしもさすがだと、感心してしまう。

●レシートやカード類でぱんぱんになっていないか

一方、たいていの人の財布には、お金以外のものがいっぱい入っている。レシート、ポイントカード、行きつけの店の会員カード……。

スーパーや駅ビルのレジなどで、財布がレシートでぱんぱんに膨らんでいて、お札がなかなか出てこない人を見かけることも少なくない。お札がレシートに埋もれてしまっているのだ。

こういう財布では、レジでモタモタして迷惑をかけることはいうまでもなく、とにかく見苦しい。財布のスリム化にもっと意識を配るようにしたい。

1日1度、財布を整理する

お金持ちの、スマートで品のいい立ち居振る舞いを身につけたいと思っている私は、努めて、財布の中にゴチャゴチャと不要なものを入れないようにしている。

●帰宅したら財布をいったん、空にする

カバンを1日1回整理するといいことは前に書いたが、財布も同じ効果がある。

私が実行しているのは、帰宅すると財布の札入れをいったん空にして、レシートなどは整理し、お札をあらためてきれいに入れ直す。これだけだ。

まず、札入れを空にする。このとき、レシートも取り出し、保管しておくべきものだけ別のところに入れ、不要なレシートは1日分をホチキスで留め、百均ショップで買ったファスナー付きケースに入れておく。

ちなみに、このケースはほぼ1か月ごとにチェックし、ほとんどのレシートは捨てることになる。

コイン入れも一度空にすると、細かなゴミなどもきれいにできる。ときどき、私は濡れティッシュなどでコイン入れの中をさっと拭き、外側はシリコンクロスなどで軽く拭いている。

ちょっと間をおくとクロスに汚れがつくことがあり、財布はけっこう汚れているものだとよくわかる。

●ポイントカードはよく行く店のものだけに限る

財布をいっぱいにしている〝犯人〟の1人がポイントカードだ。

最近は、買い物する店ごとにポイントカードを発行しているようなものだから、勧められるたびに発行してもらっていると、たちまち財布が膨れ上がる。

私自身は「この店は、そんなにしょっちゅう利用することはないだろう」という店、1回に使う金額が少額である店では、ポイントカードはつくらない。

しょっちゅう利用しない店ではすぐに有効期限切れになるし、少額しか使わない店では、1年たっても大してポイントはたまらないからだ。

現在、私が持っているポイントカードは2枚だけである。毎日のように使う駅ビルのカードと、3週間に1度ぐらいの割合で、カットやカラーをしてもらうヘアサロンのカードだけだ。

おかげで私の財布はむやみに膨らむことはなく、お金持ち気分でスマートにお札を取り出している。それだけのことだが、思いのほか気分がいいし、お店側の印象も悪くないだろうと、ひそかに満足している。

クレジットカードを何枚も持たない

ポイントカードと同様、何枚ものクレジットカードを入れている人も少なくない。

最近は、デパートや駅ビル、ちょっとした店などでクレジット機能付きのカードを発行しているし、ちょっと買い物をした折など、それに加入することを強く勧められることが多い。そして勧められるままにそれらに加入していると、カード入れはたちまち満員になってしまう。

だが、実は、こういう人ほどお金には縁がない、と言い切れる。

●カードは2、3枚がスマート

お金持ちは財布やカード入れに2、3枚のカードを入れているだけで、それをさらりと取り出し、実にスマートに支払いをする。

いうまでもなく、クレジットカード機能付きのショッピングカードなど持っていない。

彼らのスマートなカードの扱いを見ているうちに、私は何枚も何枚もクレジット機能付きカードを持っているのは逆にお金と縁がないように思えてきて、いまではクレジット機能付きのカードは原則、加入しない。

だから、私が現在持っているのは、クレジットカード2枚と、よく行くデパートのカード2枚、銀行のATMカードが2枚。

これらの計6枚を、カード入れにきちんと順番を決めて入れている。

●お金を使った実感に乏しいカード払い

クレジットカード支払いは手間いらずで、現金を持ち歩かなくてすむから、たしかに便利で安全だ。

欧米などでは、コーヒー1杯程度の出費でもカード払いの人が圧倒的に多い。徹底したカード社会であるのは、いうまでもなく、治安の問題が大きいからだろう。

また、カード発行には一定の資格審査がある。したがってカードは一種の身元保証にもなり、現金払いのほうが信用が低くなると聞いている。

だが、日本では治安はそこまで悪くない。だから私は、少なくとも日常的な買い物は原則として、財布から現金を取り出して支払うようにしている。

スーパーやデパ地下などの買い物までカード払いだと、いくらお金を使ったのかわからなくなってしまうからだ。

私は一応、毎月の生活費の枠組みを決めて暮らしている。カード引き落としを連発しているうちに、今月、いくら使ったのかわからなくなり、支払明細書兼請求書が届いて、驚いたり慌てたりはしたくない。

●「カードで買う」ことの落とし穴

クレジットカードを使うときはその場で手元からお金が出ていくわけではないので、余裕がなくてもつい、「カードで買えばいいか」と思ってしまう。

私などはその典型である。予定外の衝動買いをするときなど、「カードで買えばいいや。

いますぐ払うわけじゃないのだから」と、自分に言い訳しながら買っていることがあるくらいだ。

本当に必要なもの、どうしても欲しいものに出合ったときに手元に余裕がなかったりする場合には、支払いを先延ばしできるカードは本当にありがたい。

ただし、総枠の買い物予算はしっかり認識しているかどうか。ここが肝心だ。

〝カード乱発時代〟だからこそ、カードに依存し過ぎないように、引き締めるべきところは引き締めて、暴走しがちな欲求にブレーキをかけることを忘れないようにしよう。

少額の支払いにカードを使わないのには別の理由もある。カード支払いの場合は、お金を受け取る店側にもなにがしかの負担金が生じるからだ。

このことは知ってはいたが、実際にあまり考慮することはなかった。だが、ある日、大成功したお金持ちの著者が、「この程度の支払いで、店に負担をかけるのは悪いから」と現金で支払うところを見かけ、恥ずかしくなった。

お金に縁がある人は、店側の懐《ふところ》事情にも気を使っているのだなと、大いに反省したものだ。

デビットカードを積極的に使う

最近、デビットカードへの加入を勧める広告をよく見かける。

デビットカードは、使ったその場で銀行口座から引き落としになる決済方式のカードで、実は2000年ごろから導入されていた。

私はこのデビットカードの決済方式に賛同し、導入当初すぐに加入したものだ。だが、当時は、店側の加入が普及しておらず、デビットカードを使える店に出合うことは非常に希《まれ》だった。そんなことから、いつの間にか使わなくなってしまったのだが、2、3年前から海外旅行先などで、デビットカード用のレジを多く見かけるようになってきた。

現在、欧米ではデビットカードとクレジットカードの発行枚数はほぼ同数になっているそうだ。一方、日本では、デビットカードの加入者はまだ数パーセントである。

●購入と同時に決済&残高以上の買い物は不可能

デビットカードはいま述べたように、購入と同時に決済が行われ、銀行口座から引き落としになるので、使用明細書にはその時点の口座残高が表示される。もちろん、残高以上の買い物はできない仕組み。だから、ついカードを切り過ぎて、のちに請求書が来てあわてることもない。

クレジットカードは店が請求して初めて支払いが始まるから、店によって支払い時期がずれることがあり、このズレから大きな支払いが思いがけず重なってしまうことがある。

私も、海外旅行先での支払いなどが少し遅れて請求され、まるで2か月分を同時に支払うような感じになり、自分で使ったお金なのに、なんだか理不尽に感じたこともしばしばあった。

だが、デビットカードなら、そんな心配はもちろんいらない。

●デビットカードは年会費も不要

デビットカードなら年会費も必要ない。カードを提示して、暗証番号を入力するだけ。クレジットカードのようにサインを求められることもなく（最近はクレジットカードも暗証番号入力で使えるようになってきているが）、手間いらずだ。

さらに現在、日本のデビットカードは本格普及を目指して会員獲得競争に拍車がかかっており、さまざまな特典がついていることが多い。

こうしたサービスは加入者獲得競争が繰り広げられている間だけかもしれないが、それを差し引いても、今後は日本でもデビットカードの利用者は急速に広がっていくのではないだろうか。

支払いのたびに自分の口座残高がわかるから、おのずとお金を使い過ぎなくなる。それを繰り返しているうちに、お金の使い方が上手になっていくはずだ。

クレジットカードを有利に使いこなす手もある。

ある銀行のクレジットカードは、1000円利用するたびに5ポイント、月間利用額2000円ごとにJALのマイルが1マイル加算され、カードを利用してJALグループの航空券を購入するとマイルが2倍になるなど、かなりお得なサービスも受けられるそうだ。

お札は金額順にそろえて入れる

あなたは、財布にお札をどんなふうに入れているだろうか。

これも、お金持ちとそうでない人では、明らかに違いが見られる。

●お札が上になったり、下になったりしていないか

お金持ちはお札をきちんとそろえて入れている。福沢諭吉の頭が上になったり、下になったりしていることがない、という意味だ。五千円札、千円札も同じ。

ATMでお金を下ろしたまま財布に入れると、途中で頭の向きが変わっていることがあるから要注意だ。一定の金額ごとにお札の向きが変わるようになっているATMがあるようなのだ。

引き下ろしたお金はざっと見て、素早くお札の向きをそろえてから財布にしまう。お釣りをもらった場合も同じだ。財布にしまう前にさっと向きをそろえる。

ちょっと面倒だと感じるかもしれないが、習慣にしてしまえば、なんのことはない。時間だって1、2秒しかかからない。

それだけで、財布のお札がいつもきちんと整っているようになり、お金を取り出すときもなんだか気持ちがいい。

●お札の向き、重ね方の順序は「マイルール」でいいが…

お札の向きに関しては、肖像画の頭を下に向けるほうがいいという説もあれば、頭を上に向けて入れるほうがいいという説もある。

私は、肖像画を逆立ちさせることがちょっと気になり、頭を上に入れる派だが、あるお金持ちに、「その向きだと立っている姿勢なので、お金はいつでも出ていきやすい。頭を下にして入れなければダメだよ」といわれてしまった。

気になって、ほかの人の意見も聞いてみたところ、その人は逆に、「僕は頭を上に向けるよ。だって、お札の肖像画の人物が逆立ちをした状態にしておくと、お札のエネルギーが下がって、お金がたまりにくい気がするから」という。

つまり、どちらが正解という類の問題ではなく、自分なりの考え方を持ち、それにしたがって、いつでも向きをそろえ、金額順もそろえて入れると考えればいいだろう。

私自身もそう考え、私の場合は、頭を上にしてお札を入れている。

金額順のそろえ方についても同様だ。手前から千円、二千円、五千円、一万円札の順に入れるという人もあれば、その逆という人もある。

ちなみに私は後者。特に理由があるわけではないが、大きなお金がくずれたときは、そろそろＡＴＭに行き、現金を補充するタイミングだとわかりやすい。強《し》いていえば、そんな理由からだ。

いずれにせよ、お札の向きにしても、入れる順番にしても、自分なりの考え、こだわりを持つことをおろそかにしてはいけない。

お札についてそこまでこだわる。

そのこだわりこそ、お金を大事に、丁寧に扱っているという気持ちの表れだといえるからだ。

支払うときは感謝を込めて、丁寧にお金を手渡す

レジの前に、支払うお金を入れるトレイがあるのに、財布から取り出したお金をレジ前の台に置いたり、中にはレジ係に直接手渡そうとしたりする。

こういう態度はレジ係に失礼であることはもちろん、お金に対しても礼を欠く態度だと思ってほしい。

●お金にも礼を尽くした態度を保とう

代金を支払うときにも、お金に対してきちんと礼を尽くしているだろうか。

お金持ちは支払いに当たっても、お金を丁寧に財布から取り出し、金額ごとにそろえてトレイに入れる。そしてコインがあれば、お札のうえに数えやすいように並べておく。

見た目をきれいに見せるだけでなく、レジ係がお金を取りやすく、数えやすいようにと、気遣いを示すことをおろそかにしないのだ。

反対に、取り出したお金を無造作にトレイに置くだけ。それも、一万円札、千円札などが順不同になっていて、見るからにお金を乱雑に扱っていることが見え見え、という人もいる。

もっとひどいのは、ぐしゃぐしゃのお札のシワをのばそうともしないまま、ヌーッと突き出す、そんな態度だ。

お金にも心がある。とまではいわないが、お金の扱い方で、あなたの人間性が相手にストレートに伝わることは否定できない。

丁寧にお金を渡すことは、相手やお金に対する敬意を示すこと以上に、自分自身に対する敬意を示すことだと、私は考えている。

●レジ係の人に渡すときにはこんな気配りを

複数のお札で支払うときはお札の向きを同じ方向にそろえ、お札の肖像が相手から見て逆さにならないように気を配ることも忘れないことだ。

お札の金額も、私は大きい金額のお札を下に、少額のお札を上に重ねて渡している。

小銭はこぼれないようにお札に載せるか、トレイや相手の手にしっかり載せるようにして支払うようにしたい。

トレイに載せる場合は、お札の上などに、五百円玉、百円玉、十円玉など、コインを金額ごとに並べて差し出すと、レジ係の人が見やすく、数えやすい。

こうしたところまで細やかな気配りを忘れない。なぜだか、そんな人なら、お金もさっさと去っていかないのではないかと思えるからだ。

出ていくお金に心の中で「挨拶」する

ある方が、支払いのとき、トレイなどに置いたお札に指先で軽く触れているのを見かけ、思わず、その理由を聞いてみたことがある。

すると、「お金にお礼をいっているんですよ」と思いがけない返事が返ってきた。

支払いなどでお金と〝別れる〟ときには、お金に「ありがとう」というのだそうだ。

●なぜ、お金持ちはお金に「ありがとう」というのか

お金は財布の中にある間は、とても豊かな気分にさせてくれる。

そして、こうして出ていくときは、代わりに、大好きなものや、おいしいものに出合わせてくれる。だから、お金を手放すときにはお金に軽く触れ、心の中でお礼をいうようにしている――。

これが、その方がお金に「ありがとう」という理由だと語ってくれた。

こんなふうに日頃からお金に感謝していれば、「毎日、遅くまで残業したのに、この程度のお金しか手に入らないなんて」とか、「なんで、こんなにお金がかかることが続くんだろう」などと、お金に対してイライラしたり、「生きていくことはお金の苦労の連続だ」というようなネガティブな感情が湧くことはなくなるはずだ。

お金に感謝するというやわらかでやさしい心を持っていると、お金が足りない場合にも

「いまは苦しいけれど、そのうち、きっとなんとかなる」と柔軟な考え方で切り抜けていかれるのではないだろうか。

●「この買い物は本当にいい買い物か」と問い直す

支払いのとき、軽くお札に触れるという行動には、「この買い物は本当にいい買い物だろうか」と自分に問いかけてみるという意味もある。

衝動買いなど計画外の買い物をするときなど、さて、支払うという段になって、一瞬、迷いが走ることがある。

たいていは、もう買うといってしまったのだから、とそのまま支払ってしまうものだが、まだ間に合うようなら、「申し訳ありませんが、もう少し考えてみます」といって、冷却期間をおくのもいい。

●お金に話しかけるもう一つの理由

お金が出ていくとき、「ありがとう」ではなく、心の中で「行ってらっしゃい」といい、お金が入ってきたときには「お帰りなさい」と挨拶するという人もいた。

その人によると、これを繰り返しているうちに、気持ちよく「行ってらっしゃい」といえるときといえないときがあることに気づいたそうだ。

気持ちよく「行ってらっしゃい」といえないときは、ムダ遣いだったり、本当に欲しいかどうか、十分に確かめないままの衝動買いだったり、いずれにしても、いいお金の使い方ではないことがほとんどだったとも気づいたという。

おなかの中で、お金に挨拶する。そして、そのときの気持ちによっては、買い物をストップする。

それにしても、お金持ちはそれぞれ、ムダ遣いをしないようにいろんな策を講じているのだということがよくわかる。

お金に関する迷信、信心をバカにしない

お金に対して「行ってらっしゃい」「お帰りなさい」という。こうした習慣を聞いて、ばかばかしいと笑う人もいるだろう。

お金の実体はただの紙や金属だ。お金にもこちらの心が伝わると考えるなんて、非科学的でばかばかしい。そういってしまえば、それで終わりだ。

だが、私は人に心がある限り、モノとの関わり、特に生きていくのに欠かせないお金との関わりには、むしろ、心のあり方を大事にしたつながりを持っていたいと思っている。

●亡き母が大事にしていたこと

先年、亡くなった私の母は、クールすぎるのでは？　といいたくなるほど、いつも冷静で、物事を論理的にとらえる人だった。

ところが、「こうするといい」という昔からの迷信や信心は不思議なくらい、大事にしていた。

たとえば、財布には豆草履《ぞうり》のストラップをつけていたし、財布の中には豆粒ほどのカエルを入れていた。草履は「おあし」になぞらえたもの。カエルは「お金が返ってくるように」という思いとをかけたものだそうだ。

神社などに詣《もう》でると、お守りを買うのも常だった。そんなときも、受験を控えた孫には「学業成就」、住宅ローンを組んだ子どもには「金運守」などと、それぞれに合わせたお守りを真剣に選んでいた。

●お金に関する言い伝えや金運グッズの効用は？

これまで、取材などで社長室に通される機会が多々あったが、ほとんどの社長室に、金運守の類が飾ってあった。特に多かったのは飾り熊手だ。

熊手守は福やお金をかき集めるということから発祥したもので、しだいに小判やお多福の面などの縁起物を取り付け、華やかになっていったようだ。この飾り熊手、年々少しずつ大きくしていき、商売や事業の発展を祈るのが習わしだ。

ふだんはパソコンやスマホに見入り、クールに市場分析しているキレものたちにも、こんな一面があるものなのだ。

誰だって、もっとお金を増やしたいという気持ちを持っており、社長室の飾り熊手は、そうした本音を素直に物語っている。こういう素直な思いはきっと届き、知らず知らずのうちに、金運はよくなっていくと信じていい。私はそう信じている。

そして、いうまでもなく、私のコイン入れには、母がくれた、豆粒大の陶器のカエルが入っている。

第4章

お金持ちが大切にしている14の習慣

いつも懐が寒い人は、ここが疎かだった

わずかな遅刻も自分に許さない

私が何より嫌いなのは、ちょっとした遅刻を平気でする人だ。

こうした考えは、多くの成功者との付き合いから学んだもの。実際、私が出会った成功者たちは、誰一人、遅刻しないのだ。

もちろん、超がつくほど多忙な人ばかりなので、前の会議が予定より延びてしまったとか、交通渋滞に巻き込まれたなどで、約束の時間に間に合わないことがまったくないわけではない。だが、そうした場合には、こちらがかえって恐縮してしまうぐらい、小まめに連絡を入れてくるのだ。

北海道在住のD氏は、積雪で飛行機が遅れた場合など「いま、北海道を発《た》った」というところから、「羽田に着いたので、すぐにそちらに向かいます」「タクシーで向かっていま す。いま新橋を過ぎたので、あと5分ぐらいで着くと思います」と、まるで実況中継のように連絡を入れてくれる。

●時間は「命の鼓動」である

まあ、ここまで小まめに連絡することもないと思うが、D氏はこういう。

「時間はどんどん流れていってしまい、二度と取り返しがつかない。まして、遅刻は自分の時間ばかりでなく、相手の時間も失わせることになるから、罪が重い」

D氏と同じく、私も「時間は命の鼓動」だと思う。だから、遅刻は命を削っているのと同じことになると私は考えている。

ところが、最近は「5分や10分くらいの遅刻なら、大したことないじゃないか」「携帯メールで『少し遅れます』と連絡したから、遅刻じゃない」などと勝手な解釈をして、かなり遅れた場合でも平気な顔をして現れる人も少なくない。

いくら連絡を入れたといっても、約束の時間に遅れたら、それは「遅刻なのだ」という自覚は持つべきだろう。

●絶対に遅刻しないための三つの対策

「約束の時間さえきちんと守れない人間など、信頼できない」

ビジネス社会では、こう厳しく判断されてしまうことも胸に刻んでおくべきだ。

もう一つ、遅刻はクセだということも知っておこう。遅刻する人は、どんなに気をつけているつもりでも、なぜかいつも遅刻するのだ。

どうも遅刻グセがあると気づいたら、以下のことを実行してみよう。

・移動時間を3〜5割増しで考える。

・前の日に、明日、必要なもの、着ていくものなどをきちんと整えておく。

・書類などは特に気をつけて点検し、「これも必要かもしれない」と図表や写真など補足データも用意する。

「いつも少し遅刻をしてしまうことが多い」という人は、決めるところをきちっと決められないルーズな性格なのだと自覚すべきだ。

●遅刻グセとお金がたまらないのは同じ理由から

こういう人はほかのことにもルーズなもので、お金の使い方も同様だ。

一応、毎月の予算枠は決めるのだが、毎日暮らしているうちに予算などどうでもよくなってしまい、かといって特に欲しいものにまとめてつぎ込むというわけでもなく、ポケットから砂がこぼれるように、ちょびちょびと買い物をしてしまうのだ。

週刊誌を買おうとコンビニに入って、目に付いた新商品のお菓子も一緒に買うような人は要注意だろう。

お金の使い方も時間の使い方と同じように脇が甘く、百円玉2、3枚ぐらいなら「そう必要ではないものにお金を使ってしまった」という自覚も締まりもないままに、買ってしまうのだ。

なぜかお金がたまらないという人は、こうしたちょっとしたゆるみがないかどうか、自己チェックしてみよう。すると遅刻がなくなり、お金も少しずつたまるようになっていくはずだ。

人に「時間」を贈る

数多くの成功者の中でも、抜群のセンスを持つ知人がいる。

本業は国際舞台で活躍する法律家。その一方でエッセイを書いており、エッセイでは若いころの留学体験で培《つちか》った、おしゃれなライフスタイルを披露している。

おしゃれな、といっても、ファッショナブルな服を着るというようなことではない。幅広い学びで身につけた豊かな知性と、一流の芸術に触れてきたことで養われた深い感性をもとに、普通の人ではちょっと思いつかないような行動を、なにげない様子でさらっとしてみせるのだ。

●お金では買えないものを贈る

たとえば、仕事で出会い、心通うようになった人が誕生日を迎えたとしよう。「何かお祝いをしよう」。ここまでは誰でも思いつく。

普通は、相手が男性ならカードホルダーとか高級なボールペンなどちょっとした小物を選んで店から贈る。女性なら、ストールやスカーフなど何枚あってもいいようなファッション小物を贈ったり、花を贈ったりするのではないだろうか。

しかし、彼はまったく違う発想をする。

彼が贈るのは、お金で買えないもの、つまり「時間」なのだ。

モノを贈る場合でも必ず、お茶や食事を一緒にし、ゆっくりした時間を相手と共に過ごすことを心がけているのだそうだ。

●時間こそ、最高の贈り物である

あるとき、私にもそうしてくれたので、「お忙しいのに恐縮してしまいます」と伝えたところ、彼はこういった。

「たしかに忙しいことは忙しいんです。しかし私は、大事な人には人生で最も大事なものを贈ると決めているんですね。時間はかけがえのないものでしょう。それをお贈りすることで、私も最高の満足を感じられます」

たしかに、時間を贈ることほど素晴らしいことはないと、私は大きくうなずいていた。

故郷の母親を思い出してみよう。ふと思い立って深夜バスに飛び乗った。急いでいたので、お土産を買う時間がなく手ぶら。でも、親はきっとこんなふうにいうだろう。

「いいんだよ、土産なんか。こうして顔を見せてくれることが最高の土産なんだから」

どうだろう。母親の次の誕生日には、故郷に帰って一緒に食事をし、とりとめのない話を飽きるほどしてこよう。温泉にでも連れ出し、深まる夜を一緒に過ごすことができたら最高だ。

「時間こそ、最高の贈り物だ」ということが贈ったほうの身にも沁《し》みるはずだ。

オープンに心を開いて明るく話す

経営者や成功者の取材を始めたところ、取材の日はどことなく気が重かった。

こちらは、社会的にはなんの力もない存在だ。果たして心を開いて、話をしてくれるだろうかと不安だったのだ。

だが、そんな不安はすぐに消えた。成功者たちはほとんど例外なく虚心坦懐《きょしんたんかい》であった。こざかしく口をつぐんだり、言葉を濁《にご》したりするようなことはなく、なんでも率直に話してくれるのだ。

●「素直に、自然に」が最高の対応

私の取材先は企業経営者が多いから、企業秘密に属することなど「これ以上はダメ」ということも当然ある。

こういう場合も、できる範囲できちんと説明してくれる。

時には、企業秘密領域のことまで話してくれたうえで、「ここは書かないでください」と情報公開できる部分とそうでない部分を示す。とにかく、こちらが恐縮してしまうくらい誠実な対応をしてくれるのだ。

もちろん、取材をし、原稿をまとめる私のほうも、書いていいことか、いけないことかの分別や配慮はちゃんとする。

したがって、原稿として公開されるときには、深く書き込んでいないように見えるかもしれない。だが、水面下ではお互いに、オープンマインドで向き合っている。

そして、それに応えてくれる相手でなければ信頼関係は築けず、いい仕事になどなりようがないと、私は思っている。

●こちらが心を開けば、相手も心を開く

この人生がよい人生になるか否かは、人間関係が握っている。その人間関係のカギは、まず、自分が明るく大らかに、心を開くかどうかにかかっている。

こちらが心を開けば、相手も自然に心を開くものだ。

オープンに心を開ける人はそれだけ多くの人から好かれ、信頼されることになり、仕事がうまくいきやすくなる。

そうなれば、お金は必然的に集まってくると期待できるだろう。

こちらから心を開くことは、ふだんの付き合いでも大事なことだ。

そういえば、最近は、引っ越してきても挨拶にこない人が増えているそうだ。マンションでは必要なコミュニケーションは管理人を通して行う。そのほうがよけいなトラブルを起こさない――これが「挨拶は必要なし」と思っている人の言い分らしい。

●豊かな人間関係は、お金以上に人生を豊かにする

たしかに、人間関係にはわずらわしさがつきものだ。だが、人と人との付き合いにはわずらわしさ以上のものがある。他者に対して抱く温かな思い、やさしい感情がなければ、人生の味わいも喜びも半減してしまうに違いない。

友情や同僚との心の交流。恋愛。夫婦愛や家族愛。これらがない人生を想像してみてほしい。

いまの配偶者、パートナー、親友たちと初めて出会ったときのことを思い出してみよう。どちらかが先に心を開いて話しかけ、相手もそれに応えて心を開いた。その瞬間に、かけがえのない人間関係が芽生えたのではなかったか。

今日も新たな出会いがあるかもしれないのだ。明るく心を開いて、自分をさらけ出してみよう。

また一つ、人生の宝になるような人間関係が待っているはずだ。

気分や感情がいつも安定している

仕事を通じて出会ったお金持ちの中には、その後、しだいに個人的なお付き合いへと進んでいった方も多くいる。彼らに対して、時には冗談まじりとはいえ、つい言い過ぎてしまったこともあった。

だが、仕事で成功し、お金も十分手に入れ、超然と人生を謳歌している彼らは、そんなことで感情的になったり、まして怒ったりしないのだ。

思うように事が進まないとすぐにイライラしてしまう私はそのたびに恥ずかしくなり、その気持ちを隠そうと、さらに感情が揺れ動いてしまうというありさまなのだが。

●上機嫌は大人のマナー

いつも上機嫌でいることは、いまや大人のマナーだといわれている。

ちょっとしたことでキレるなど、自分の感情もコントロールできない人は一人前の大人と認められない。まして、仕事の世界では、感情の波が激しいと判断や指示にも影響が出てしまい、ミスをしがちになる。

私が尊敬している方の1人に、とりわけいつも上機嫌な人がいる。K氏である。私は、彼の軽い笑みを含んだ表情が陰ったところを見たことがない。

それどころか、とても忙しくしているので疲れている日だってあるはずだが、そんな様子も表情に出さない。

●ドローンになったつもりで上から自分を見てみる

あるとき、思い切ってK氏にその秘訣《ひけつ》を聞いてみたところ、こんな答えが返ってきた。

「私だって普通の人間ですから、腹の虫がおさまらないときもあれば、疲れから、気分がすっきりしないことだってあります。

そういうときには、自分をちょっと上から見てみる。ドローンで空中から撮影するような感じで自分を見ると、不機嫌な顔をしている自分は、私が日頃最も軽蔑《けいべつ》し、いちばん嫌いな人なのだと気がつきます。

そう気づいた瞬間、これではいけない。すぐに気持ちを切り替えようという思いが湧いてくるものですよ」

なるほど、気分が落ち込みそうになったり、苛立《いらだ》ちそうになったら、自分を突き放し、他人を見るような目線で見てみればいいということなのだ。

●一瞬で気分を変える方法とは

自分を客観視するなんてそんな難しそうなことはできないと思うなら、もっと簡単な方法もある。

イライラッと込み上げてきそうになったら、ほんの少しでいいので、現状から離れる方法をとるのだ。たとえば1から10まで数えてみるとか、お気に入りの歌の1フレーズを心の中で、大きな声で歌ってみるなど。

人間はあんがい単純なもので、この程度のことで「いま、何に対して怒ろうとしていたんだっけ？」と、怒りの種さえ忘れてしまう。当然、イライラや怒りもどこかに吹っ飛んでしまうものだ。

以前の私は、われながら感情的になることが多く、イライラしてくるともういけない。自分を抑えられなくなり、大切な人間関係を失ってしまったことも何回かあった。

さすがにこれではいけないと思い始めたころ、ある人から「感情が波立ちそうになったら、すぐに腹式呼吸をするように」と教えられた。

そのおかげで、以後は多少自分をコントロールできるようになった。すると、仕事の縁も以前より長く続くようになってきた。

継続は力なり。これは仕事についても金言だ。仕事が続けば、必然的にお金との縁も途切れなくなる。

穏やかで温かな感情を持ち、いつも上機嫌でいる人は、結果的に、お金にも恵まれることになる。そんな図式はたしかに成り立つといえそうだ。

●「忘れること」は最高の気分安定法

「忘れること」は不機嫌を追放するいちばんいい方法だ。

いつも上機嫌なK氏も、こういう。

「私は、イヤなことはどんどん忘れることにしています。けっこうひどいことを言われたなあ、というようなときでも、いや、そういうときほど、いち早く忘れてしまうようにするんです。

オールクリア。全面削除してしまえば、そんな言葉はもともと聞かなかったのだということになりますからね」

子どものころから「これを覚えなさい」「あれをちゃんと覚えなければダメだよ」と言われ続けてきたからか、私たちは、忘れることは悪いこと、マイナスのことだと思い込んでいる。

だが、忘れることは、上手に生きる方法の一つなのだ。

「放下著《ほうげしやく》」という禅の言葉がある。これは「捨ててしまえ」「忘れてしまえ」という意味だ。

上手に忘れてしまう。これこそ、心の状態を常に平静に保つ、ひいては上機嫌を保つ秘訣だということを知っておこう。

言葉づかいが正しく、きれい

「ヤバイ!」「ムズイ」「マジかよ」……街を歩いていると、こんな言葉がひんぱんに耳に飛び込んでくる。

言葉は時代とともに変化していくものだが、それにしても最近の若者言葉の変化のスピードは速く、私などとてもついていけそうもない。

だが、こうした言葉はあくまでも、フランクなコミュニケーションの場に限られることぐらいは心得ていてほしいものだ。

●成功者は、丁寧で正しい日本語を話す

ところが、その使い分けができない人が多い。中には、得意先との打ち合わせの場などでも平気で、こうした言葉を連発する人もあり、そばにいるだけでハラハラしてしまう。

私は「言葉は人を表す」と考えている。なぜなら、私が出会ってきた社会的に成功をおさめた人たちは、とても丁寧で美しい言葉を話すからだ。年齢はあまり関係ない。

最近、仕事をご一緒したT氏はまだ31歳。だが、起業してから4年にして、年収4億円という。高校生のころから、「お金を稼ぐ」、それも自分の好きなことをして、20代のうちに一生、お金に困らない人生の基盤を固めるという計画を立て、それを実現した人だ。

T氏の第一印象は、いまの時代に、こんなに正しく、きれいな言葉を使う人がいるのか、というものだった。それも付け焼き刃ではない。どんなに話が盛り上がり、ヒートアップしてきても言葉が崩れない。

正しい日本語が完全に身についている証拠だ。

●バカ丁寧な言葉はかえってマイナス印象

正しく、きれいな日本語とは、バカ丁寧な言葉を使うこととは違う。接客業やセールススタッフの中には、舌を嚙みそうなバカ丁寧な言葉づかいをする人がいるが、こういう言葉づかいは、場を選ばないとかえってマイナス印象になる。

あまりにも形式的で、心がこもっていないと感じられるからだ。

目上の人や得意先にはきちんとした言葉を使っていても、部下にかける言葉が〝上から〟だったり、店のスタッフにかける言葉がぞんざいだったりすると、本性はあの程度なのだなど、むしろ軽蔑《けいべつ》されてしまう。

フランクな言葉を使うことを一概に悪いというつもりはない。場合によっては親しみが増し、会話もはずむことも少なくない。

だが、そうした言葉ばかりを使っていると、いざというときに正しい敬語が出てこなくなってしまう。たとえば、祖父母などの年長者には日頃から敬語を使うようにすれば、敬語に対する感度を保てるのではないだろうか。

自分の品格を大事にしたいなら、ふだんからきちんとした言葉づかいを心がけよう。

「その場になれば、ちゃんとやりますよ」と思っていても、だんだん興が乗ってくると、つい地が出てしまうもの、それが言葉なのだと肝《きも》に銘じておくことだ。

名刺を交換したら、その日にお礼のメールを入れる

これは、私が出会った成功者たちの多くが実際にやっていることだ。

本当に忙しい人ばかりなのだが、彼らは異口同音《いくどうおん》に、「すべては人間関係から、つまり、

人との出会いから生まれる」という。そして、その言葉を実際に実践している。人との出会いを驚くほど大事にしているのだ。

●「稼ぐ人」は忙しいが、それを言い訳にしない

「名刺交換したら、どんなことがあっても、その日のうちにお礼のメールを入れる」というのは、ある大学教授だ。テレビにもしょっちゅう出ているし、毎月のように本を出している。さらに、まさしく席が温まるヒマがないくらい数多くの講演をこなしている。

メールを入れる時間がどこにあるのだろう？　というよりも、ちゃんと食事や睡眠時間はとれているのだろうかと心配になるくらいなのだ。

メールは初めて会った人に対してだけではない。私など、かなり長いお付き合いになるが、取材の前の日には、必ず「明日はよろしく！」とメールが入る。

まわりの人に対する目配り、心配りが半端《はんぱ》ではないのだ。

●お中元、お歳暮を形式的に贈らない

この教授のお中元、お歳暮も素晴らしい。

若いころの私は、「お中元、お歳暮なんかデパートから適当にみつくろって送るだけ。虚礼そのもので、過去の時代の、あまり意味のない風習だ」などと思っていたものだった。

だが、この教授をはじめ、多くの成功者との間でお中元、お歳暮などをやりとりするうちに考えが変わった。

たとえば、この教授は毎年、いろんな地方から、その土地の人でなければ知らないような、隠れた名産品を送ってくださる。講演などで地方に行ったときに出合う名産品から、これといったものを選んでくれるのだ。

収穫時期の関係から、お中元、お歳暮とはいえ、夏と暮れに限定しているわけではない。たとえば昨年送ってくれた栗は、ホームページさえないような小規模栗園のものだったが、いままで食べてきた栗はなんだったのかと驚くほかはない名品だった。

●よい人間関係をつくるために注意を払うお金持ち

こうした心配りは、もちろん、私だけにではない。数多くのお付き合い先に行き届かせていることは明らかだ。

こうした心配りの成果だろう。私が知る成功者たちの人間関係は驚くばかりに幅広く、数も多い。

それだけ多くの人をひきつける、得がたい力を育ててきているのだ。

その力は自然に、有形無形の実りにつながっていく。こういう方たちと接していると、彼らがお金持ちなのは、こうした日頃からの心遣いの成果であり、人を大事にしてきたことの当然の結果なのだとしみじみ納得してしまう。

本にかけるお金を惜しまない

本が売れない。もう長らく、売上高の下降カーブに歯止めがかからない。

最近の調査では、「読書時間は0分」、つまり、まったく本を読まない大学生が半数もいると伝えられている。

本に関わる仕事をしている身としては、なんとも嘆《なげ》かわしいと思えてならないが、それ以上に嘆かわしいのは、本が売れない＝日本人の知的関心がどんどん下がっていると思えてならないことだ。

●本を読まないと人間性を高められない

いまはネットの時代だ。本なんか読まなくても必要な情報はネットでいくらでも手に入る。そう、思っている人も多いだろうが、本づくりに関わってみると、本とネット情報では、当然のことだが、情報の質がまったく異なる。

いま、起こっていることをすぐ知りたい。こうした速報性を求める場合には、ネットはすごい。野球やサッカーの試合経過など、スポーツ紙でも歯が立たない。

だが、その分析となると、やはり、紙媒体にかなわないのが現状だ。

そのさらに上を行くのが本なのだ。本には情報だけでなく、そこに至った経緯から現状分析、将来予想までくわしく書いてあるものが多く、パラパラと目を通すだけで、知識以上の分析力、思考力が磨かれていく。

どんなに積極的に活動しても、自分自身だけで見聞し、体験できることには限界がある。体は一つ、時間は1日24時間しかないのだから。

だが、本を読むことで著者の体験や思考を共有することができるから、新たな知識や価値観を身につけられるうえ、世界がどんどん広がっていく。

その新たな視界から、より有意義な生き方へとシフトしていける可能性も開かれていく。

その結果、お金を稼ぐよりたしかな道を見いだす人も少なくないはずだ。

●年収の高い人はちゃんと読書をしている

実際、高収入の人は積極的に読書をしているという調査結果もある。

日本経済新聞の調査によると、この本離れの時代でも、年収800万円以上の人は読書量が増加しているという。一方、それ以下の人の読書量は大幅に減少しているそうだ。

年収が高い人の多くは、論理的に物を考えることが得意だという傾向が見られる。読書は、この論理的思考を強化する効果があるのだ。

もちろん、ほかにもスキルアップにつながる情報を得たり、成功するためのノウハウを得たりすることもできる。

さらに、読書は知的好奇心を刺激するから、本以外の情報にも積極的にアプローチするようになり、人としての幅は加速度的に広がり、必然的に人としてのクオリティも高まっていく。

その結果が高い収入につながっていくのは、当然の結果だといってよいだろう。本を買うことは自分への投資にほかならない。

週に1度は書店をのぞく習慣をつけよう。そして月に5～10冊は本を買おう。目に留まったら、その場で買おう。本にも一期一会があるのだから。

そんなには読めない、という人も多いだろう。だが、本はパラパラとページを送りながらざっと見れば、だいたいの内容はわかるものだ。

その中の1冊でも2冊でも、じっくり読みたい本に出合えれば〝大儲け〟だ。

スマホに振り回されない

1章でも触れたが、私たちはスマホに振り回されすぎてはいないだろうか。

打ち合わせの席でも取材でも、場合によっては会議の席でも、テーブルの上に堂々とスマホを置き、着信音が鳴ると、何はさておきスマホを取り上げる。LINEに応答しているのか、テーブルの下で指先を動かしているところを見かけることもしばしばだ。

もちろん、電話に出るときには「ちょっと失礼します」くらいのことはいうが、なぜ、仕事中でも「スマホに出るのは当たり前」だと考えるのだろうか。

もちろん緊急事態もあるだろうが、長年の経験からいっても、緊急事態などそうそう起こらないものだ。

●スマホ・ファーストは一種の依存症

仕事中でもこんな具合だから、プライベートともなると、私たちは常にスマホを手にしている。

これはアメリカのニュースだが、入浴中に浴槽でスマホを使っていて感電死したという事件があった。もっともこのケースは、バスルームのコンセントからスマホを充電しながら使おうとしていたようだ。

亡くなったのは14歳の少女。痛ましい死に心は痛むが、それにしても入浴中にまでスマホを使う必要があったのだろうか。

最近は、スマホは単なるコミュニケーションツール以上のものに進化してきており、打ち合わせなどたいていの仕事はスマホ一つでOKという人も増えてきている。必要なデータからスケジュールなど、スマホに全部入っているというのだ。

だが、その場合でも、スマホが鳴れば即、応答するという習慣はいかがなものか。

どんなときもスマホなしではいられない。いつでもスマホを第一優先にするという考え方は、いつもスマホに支配されていて、一種の依存症だといえる。

あくまでも、スマホを使いこなすのは自分だという自覚を取り戻そう。

●お金持ちは、休日はスマホをオフにする

私が出会う成功者たちの多くは、打ち合わせ時にはスマホをバッグの中か、スーツの内ポケットに入れている。もちろん、マナーモードに設定して。

そして、打ち合わせの中休みや終わったときにスマホを取り出し、受信記録にさっと目をやり、対応を急ぐ場合だけ、同席の人に一言断ってから対応している。

少なくとも、大人の社会人だという自覚があるなら、このくらいスマートにスマホを使いこなしてほしい。

あるビジネスエリートは、週末はスマホを持たないと決めているという。週末は完全なオフにして、心身ともにリフレッシュしたいからだそうだ。

スマホ全盛の時代だからこそ、スマホとの距離感を適正に保っていきたいものだ。

身のまわりがきちんと片付いている

お恥ずかしいことだが、私は片付け下手。よく掃除はするので、ゴミやホコリがたまっているわけではないのだが、はっと気がつくとデスクまわり、クローゼットの中、いや、部屋中が散らかってしまう。

でも、忙しい人間の部屋は散らかっていて当然。どこかにそんな思いもあった。

その結果、年中、探しものをするハメになる。忙しい、忙しいといいながら、自分でも内心、「探しものの時間が減れば、ずいぶんラクになるはずだ……」と考えることがよくあった。

●頭のいい人は「忙しいから片付ける」

そんなある日、テレビで佐藤可士和《かしわ》氏の仕事ぶりを紹介する番組を見て、仰天した。

いまではよく知られているが、佐藤氏は超の字がつく整理術を実現しており、「すべては整理から始まる」と考えているそうだ。

著名なデザイナーとして活躍している佐藤氏のオフィス「SAMURAI」は少数精鋭主義だそうだが、もちろん何人かのスタッフを抱えている。

驚いたのは、スタッフが帰った後のオフィスだ。机上には何一つ置かれていない。

普通のオフィスなら、パソコンとか書類のファイルなどがゴタゴタしているものだが、それらがいっさい見当たらない。

帰宅するときは、何から何まできちんと整理してから、がオフィスの鉄則だそうで、「整理をすることによって、仕事の本質が見えてくる」という佐藤氏の考え方がスタッフ全員に徹底しているのだ。整理することは頭の中の整理に通じる、というわけだ。

その後に、いわゆる「断捨離《だんしゃり》」ブームが起こった。

このブームで、私は「整理」とはモノを収納したり、いらないものを捨てるだけでないことを知った。

「整理」を通してモノへの執着を捨て、自分自身の生き方の本質をしっかり見つめ、ひいては生活のクオリティを向上させること。つまり、「整理」とは心の状態を整えることに通じるのだ。

●すべてのことを〝往復〟で行う

さらに、「整理」というより、部屋が散らからないための極意として、ある成功者が教えてくれたことがある。

「すべてのことを〝往復〟で行う」

たとえば、ドアを開けたら閉める。引き出しから何かを出したら、しまう。これが〝往復〟で行うということだ。

この成功者は、さらに一言つけ加えた。

「1、2秒の手間を惜しまないことも大事だね」

たとえば、外から帰ってきて、コートを脱ぐ。服を着替える。このとき、その手でハンガーにかけてクローゼットにしまうことを習慣にしてしまうのだ。

かけてしまうのにかかる時間は、せいぜい1秒か2秒しかかからない。ところが、疲れている、面倒くさいといっては、コートを椅子の背にかけたり、さっきまで着ていたものを床やソファーに置きっぱなしにしたりしてしまうと、片付けるタイミングを逃すことが多い。

その結果、散らかりほうだいになってしまうのだ。

●整理する力と仕事力はつながっている

私は、この言葉を素直に聞き入れ、「往復」でやることも、1、2秒の手間を惜しまず、その場でしまうことも取り入れるようになった。いままでは部屋はすっきり。不意の来客があっても迎え入れられる状態になっている。

もちろん、探しものはぐっと減り、仕事もスムーズに進むようになった。

ことほどさように、整理する力と仕事力は意外なほど深くつながっている。

ぜひ、すっきり整理された環境を保つようにしよう。その結果、頭や心の中もすっきり整理されるから、思考も行動もさくさく進むようになる。

断捨離は運気の向上ももたらすそうだ。

太らないように気をつけ、体を鍛えている

最近、ボディメイクのCMがやたらと増えているが、それも当然で、トレーニング前とトレーニング後では、印象ががらりと変わる。

はっきりいって、引き締まったボディラインをキープしている人は仕事がよくでき、当然、お金持ちオーラを放っている。

一方、ぽっちゃりというか、締まりのないボディラインで平気でいる人は「自己管理さえできない」ダメ人間であると自ら語っているようで、タレントなどでも〝いじられキャラ〟に徹している。

●「人は見た目が9割」はホント

体形は、生まれ持った体質にもよるだろうといいたくなる気持ちもわかる。だが、努力すればちゃんと結果は出るものだ。

つまり、引き締まったボディは、自分をしっかり管理している証拠。反対に締まりのない体形は、必要な努力を怠《おこた》っている証拠だと断言していい。

少し前の話だが、『人は見た目が9割』（竹内一郎著）という本がベストセラーになった。当時は多少、反発も覚えたのだが、成功者たちとの出会いを重ねているうちに、「なるほど」と、いまでは100パーセント納得している。

成功する人は、いずれも確固とした自分像の理想イメージを持っていて、そのイメージを守ることに時間とエネルギーをちゃんと使っている。

私が尊敬しているある経営者は、出張する場合も、必ずジムやプールのあるホテルを選び、出張先でも早朝にひと泳ぎ。時間がとれると、ジムで一汗流している。

多忙な彼は、ふだんは週2回程度、自宅にトレーナーを呼び、体のメンテナンスとトレーニングを怠らない。

●健康を維持するのは自分への義務である

「そんなお金も時間もない」といって背を向けるのは、自分に対して誠実ではない。

私は大きな公園の近くに住んでいる。あるとき、ふと思い立って、早朝の公園を歩いてみたところ、5時、6時という時間から多くの人がランニングやウォーキングをしているので驚いた。これから登校、出勤する人も少なくないだろう。

自分を大事にして生きていこうとする意思があるなら、自分で納得できる体形、体調をキープするよう、努力すべきだ。

こうして、自分で納得できる体形を保っている人は、自分としっかり向き合っているという自意識があり、仕事に対する姿勢も真摯《しんし》である。

私自身、ウォーキングを始める前は、朝からそんなことで時間とエネルギーを使ったら日中疲れが出るし、眠くなるし……と、仕事にマイナス影響が出ると心配ばかりしていたのだが、実際はまったく逆だった。

朝、体をほぐすとエネルギーの流れがよくなるのか、朝からモチベーションが高まり、仕事に前向きに取り組めるようになったのだ。

いまごろになって、と笑われるかもしれないが、尊敬する経営者の、「朝、一汗流すと気分がすっきりして、1日、絶好調だよ」という言葉が耳によみがえってくる。

小さな命も愛おしむ

ある成功者に、ホテルのラウンジで取材をしていたときのこと。

ふだんはめったにないことなのだが、この日の彼は途中から、こころもちだが、集中力を欠いているように感じられた。

少しして、ふと、彼はこういった。

「ああ、よかった。さっきから蝶々がラウンジに迷い込んでしまっていてね。出口を探して飛び回っていたんだけど、やっといま、外に飛んでいったよ」

彼は、蝶々が外に出られなかったらどうなるか、気が気ではなかったのだ。

●成功する人は気持ちがやさしい

この方だけでなく、成功者には、身のまわりのことにやさしい目を向け、とりわけ、小さな命に豊かな愛情を注いでいる人が多い。

雨が降れば「稲には恵みの雨だね」といったり、台風が通過したりすると、「りんごなどに落果の被害が出なければいいのだが」と心配したりする。

周囲のすべてにやさしく、豊かな愛情を注げる人なのだ。

「お金も愛情も人材も、心から集めたいという人に集まってくる。そしてそれを大切にしてくれる人のところに集まる」

松下幸之助翁はこんな言葉を残している。

愛情豊かな人や、自然の営みや命、とりわけ小さな命を大切にする人のところには、自然にお金が集まってくることを、松下翁はすぐれた経営感覚を通して、感じ取っていたのだろう。

「○○でいいよ」と言わない

レストランなどで注文するとき、ろくろくメニューを見ようともしないで、「○○でいいよ」といったり、誰かが注文すると、「私もそれでいいわ」といったりする人がいる。

これは、店に対して大いに失礼であると同時に、自分自身の考えをしっかり持っていないと白状していることになる。つまり、自ら、イメージダウンしているのと同じだと気づいていない。

こんなことをいうと、「たかが注文の仕方くらいで、そんなことをいわれる筋合いはない」と怒り出す人もいそうだ。

●自分を大事にしていない人がすぐ使う言葉

まあ、もう少し聞いてほしい。問題は「○○で」にある。

「○○でいい」は、おいしそうなもの、食べたいと思うものが見つからない。しょうがないから○○でいいよ、というニュアンスがたっぷり込められている言い方だ。「私もそれでいいよ」も同じだ。

十分に吟味した末にそれを選んだならば、「○○でいいよ」ではなく、「私は○○にします」とか、「私は○○をいただきます」となるはずだ。

同席の人と結果的に同じメニューを選ぶことはよくあるものだ。たまたま、同じものを選んだ場合には、「私も○○をいただきます」といったほうがいい。「私も○○をいただきます」は「私も○○でいいです」とはニュアンスが大きく異なることに気づいてほしい。

大勢で卓を囲む居酒屋などはともかく、レストランや料理店でメニューを一人ひとりに渡すのは、「それぞれお好きなものをどうぞ」という店側の心配りからなのだ。

その意を酌《く》まず、「○○でいい」「お任せします」では、レストランに対する配慮にも欠ける。

「お任せします」が失礼に当たらないのは、店の常連でシェフは自分の好みを知り抜いているような関係であることが原則だ。

フランス語やイタリア語、いや、日本語でもしゃれた料理名などがついていて、メニューだけでは料理内容がわからないときは、遠慮はいらない。給仕人に「これはどういう料理なの？」と聞けばいい。いや、聞くほうがマナーにかなっている。

店側にとっても、料理にそこまで関心を持ち、熱心にメニューを選ぶ客は大歓迎。喜んで、こまかく丁寧に教えてくれる。

●食べたいものが決まらない人は仕事ができない

メニューを何度見ても、なかなか注文が決まらない人も要反省だ。

「今日のおすすめのサーモンをいただこうかな」と決めたはずなのに、ほかの人が「私はビーフステーキを」といったりすると、「あ、やっぱり、私もビーフステーキがいいかなあ」とくるくる注文を変えたりする人がいる。

こういう人は「何を食べたいのか」、つまり、「自分が何をしたいのか」がはっきりわからないのだ。

自分が何を食べたいのか。こんな単純なことさえわからない人は、ほかの面でも、自分のすべきことがわからない。意思が定まらずに迷ってばかりいる、精神的に自立していない人なのではないか。

将来、大きな成功を収め、リッチになる人は、早くから自分は何をやりたいのか、どういう方向に進みたいのかをしっかり把握している。だから、モノやメニューを選ぶときも迷うことがなく、素早く、的確に決断する。

たかがレストランのメニュー選び、といってはいけない。

一事が万事。こうしたところからも、いや、こうしたちょっとしたところだからこそ、その人の人間性、正体は容赦《ようしゃ》なく明かされてしまうものなのだ。

不安や心配事があっても気にしない

生きていくことは、言い方を変えれば、不安の連続だ。

いまは何とかなっているけれど、リストラされたらどうしよう。いや、このまま勤め続けられたとしても、自分たちの時代にはもう年金は形ばかりになっているだろう。老後はいったい、どうやって生きていくのだろう……。

こんなふうに不安の種をあれこれ思い浮かべ、若い人でも口を開くとそんなことばかり話す人もいる。たしかに、日本の現状はそう考え始めれば、不安材料だらけのような気になってくる。

●不安は口にしたとたんに巨大化する

しかし、こうした不安話を口にすると、自分が落ち込んでしまうだけでなく、まわりの人まで暗い気分にさせてしまう。不安や悩みはそれを口にした瞬間、途方もなく大きく深いものになってしまうものだからだ。

それをよく知っているお金持ちの人々は、自分の気持ちが暗く沈んでしまうようなことは、極力、口にしない。

お金持ちの多くは、事業を手広く展開しており、何百人、いや、それ以上の人の人生を預かっている。不安はサラリーマンとは比べ物にならないくらい大きいだろう。

そういう不安はどう受け止めるのですか、と尋ねたことがある。

「不安が浮かんできたら頭を振って、払いのけてしまうんです。考えたってどうにかなる問題じゃないことがほとんどですからね」

ある社長の答えはこうだった。

●明日だけを見ていれば不安は起こらない

脱サラをして、いまでは年収数億円。都心の超高層マンションのペントハウスに住んでいるという知り合いがいる。

G氏は23歳でメガバンクの一つに入社したが、たった4年で退社。先輩たちの姿と自分が描く将来像が一致しないと見極めたからだ。

銀行を辞めるといったとき、親はもちろん、上司も友人も彼女も、誰一人、賛成した者はいなかった。

それどころか、「何をバカなことをいっているんだ。脱サラをして成功した者なんか、ほんの一握りしかいないんだぞ」と、G氏に頭を冷やすようにと心底、忠告してくれた友人もいたそうだ。

それでも彼は、強い意志で自分の決めた生き方を選び、辞表を書くと、一生の安定を保障してくれるだろう組織を飛び出した。

●不安なときほど、とにかく前へ進もう

そんなG氏はいま、こういっている。

「銀行を辞めるとき、不安がなかったといえばウソになる。でも、脱サラしようと決意したのだから、心に浮かんでくる不安はいっさい気にしないことにして、ただただ、明日だけを見て進んできた。遠い将来を見れば、不安でいっぱいになってしまう。でも、明日だけを見ていれば、そうそう不安にはならないものなんですよね」

不安の90パーセントは起こらないといわれている。

不安だ、と悩んでいるくらいなら、そんな悩みは横に置いて、半歩でも一歩でも先に進むことを考えよう。

多くの成功者たちは、ひたすら前に進むことで豊かで余裕のある現在を手に入れたのだ。

他人と自分を比べない

私が経営者たちとの仕事が大好きな理由は、もう一つある。

彼らはけっして、「私なんか……」と自分を否定するようなことはいわないし、コンプレックスも持っていない。

成功者といっても、実際はピン・キリだ。年商でいっても1ケタ億円の人もあれば、1000億円以上の大企業に育て上げた人もある。

だからといって、彼らは「私なんて、○○さんに比べたら取るに足らない人間ですよ」などとはいわない。彼らは、自分は自分であり、人生は自分自身の力で勝負していかなければならないことを熟知しているのだ。

●神様は不公平だが、恨んでも何も変わらない

世の中には、たしかに「ああだったらいいのになあ」と羨望《せんぼう》の的になる人は数えきれないほどいる。

一度聞いただけで、なんでもすぐに覚えてしまう人。神はこんなにも完璧な姿をつくれるのだとため息をつきたくなるほど、美しい容姿に恵まれた人。

足の速い人。生まれつき、身体能力に長《た》けている人。

天性のカンに優れていて、株でも投資でもめったに損をしない人。クジ運がやたらといい人もいる。

神様なんて、あんがい不公平なものだ。若いころ、私はこういって不貞腐《ふてくさ》れていたこと

があった。

だが、まわりを見回し、こうした人を横目で見て「それにひきかえ自分は……」と愚痴《ぐち》っていても何かが変わるわけではない。

●使えるのは、自分のポケットの中のお金だけ

成功する人たちはそれをよく知っていて、自分自身をよく見つめる。そして自分をしっかり分析する。このとき、自分に不足しているものに気づいても、そこで足を止めない。むしろ、自分に備わったいいところ、優れたところに注目し、そこをどう伸ばしていけばいいかを考える。

視線はいつも前へ前へと向け、過去は振り返らない。

この先、自分はどうなりたいか、自分の将来像を具体的に描いており、その将来像といまの自分を見比べて進んでいこうとしている。

他人を羨《うらや》ましがるのは、ないものねだりというものだ。それよりも、自分自身の中にあるものをより大きく育てていこうとする姿勢のほうが、ずっと確実に成果をもたらす。

第一、使うことができるのは、自分のポケットの中のお金だけ。いくら知り合いがお金

持ちでも、そのお金は自分にはなんの意味も持っていない。

自分の力を原点に、そこから自分を大きく、さらに大きく伸ばしていく。最終的に成功し、お金持ちになる人は、例外なくこういう人だ。

第5章

お金が増えていく人の生き方

「自分本位」で考えれば見えてくる

見栄で子どもを私立に入れない

ラッシュ時の電車の中でよく、小さな子どもが押しつぶされそうになっている光景を見かける。私立の小学校に通っている子どもたちだ。

そのたびに、こんな小さな子どもを電車通学させてまで、私立小学校に通わせる必要があるのだろうか、と考えてしまう。

もっとも、親には親の思いがある。多くの私立小学校は大学までエスカレーター式で進学できるから、小学校で名門に入れてしまえば、その後は受験勉強から解放される。だから、子どもはのびのびと成長できると考えるのだろう。

●わが子を「エスカレーター」に乗せる意味

いうまでもないことだが、私立学校は高い授業料が必要になる。小学校から中学、高校、大学と私立コースを進んでいくと、トータルの授業料負担は、とんでもなく大きな額になることをしっかり考えたうえでのことなら、まあいい。

幼稚園から大学まで、私立で通した場合の教育費負担は2509万8263円になるそうだ（平成26年度「子供の学習費調査」文部科学省）。

公立ならば、高校まではほとんどお金はかからない。もっとも、2010年に導入された公立高校の授業料の無償化は、2014年から所得制限が設けられ、いくつか条件はあるが、目安として、年収910万円程度以上の世帯収入がある場合には支給されないと〝改定〟されてしまった。

子どもに少しでもいい教育を受けさせてやりたいという親心は、私にも理解できないわけではない。

だが、私立学校に進学させようとするならば、学校案内などに書かれた授業料だけでなく、いろいろな面でお金がかかる仕組みになっていることも考えに入れ、慎重に考える思慮深さが必要だ。

●あるサラリーマン家庭の例

知り合いのサラリーマン家庭の例だ。

子どもは1人。たった1人しかいない子だから、できるだけのことはしてあげたいと、幼稚園から、その地域では名が通り、「よい」とされている私立大学の付属幼稚園に入れ、そのまま小学校へ進学させた。

もちろん事前に費用は計算した。このとき、「ちょっと厳しいかも」と思ったそうだが、幼稚園のお友達の多くは、そのまま付属小学校に入学する。もちろん、中には公立校を選ぶ家庭もあった。だが、この両親は「なんとかなるだろう」と多少の不安を押し切って私立を選んだ。

さらに驚いたことには、その私立学校の制服を着た子どもたちはとてもかわいらしく、なんとなく上品に見え、そうした姿のわが子の手を引いて歩いてみたいという気持ちがゼロではなかったとも漏らしていた。

実は、多くの私立学校では制服はもちろん、運動着、帽子、靴、上履きから鉛筆、ノートにいたるまですべて指定のものを使うようにと決められている。こうした費用がバカにならないのだ。

夏休みの林間学校、遠足などの費用もけっこう高い。小学校5年生で行く修学旅行はシンガポールで、その積立金も毎月の出費になる。

さらに、ママ友たちのお付き合いもバカにならないという。1クラス25人ほどの中にサラリーマン家庭はごく少数で、土地持ちや医師、自営業など、いかにもリッチそうな親ばかりなのだから、これも「想定内」というべきではないか。

このほかに、いくつかのお稽古事をしているのが当たり前。これが、現在の子どもの教育をめぐる実情のようだ。

●教育費で押しつぶされそうな日本の家庭

2500万円もの出費といえば、マイホーム資金にも匹敵《ひってき》する金額である。子どもにそうしたお金を投入することを、一概に「間違いだ」とか「行き過ぎだ」と決めつけるつもりはない。

だが、「幼稚園の友達が系列小学校に進むから」とか「制服姿がかわいいから」というような理由から、自分の経済力以上に背伸びして、私立学校を選ぶのはちょっとおかしいし、何より考えるべきは、家の経済力とのバランスだ。

子どもの教育にお金をかけ過ぎた結果、家庭内がギクシャクしたり、家族で楽しむお金がなくなったりするよりは、公立コースを選び、家族で旅行をしたり、キャンプやバーベキューをするなどの思い出をたくさんつくる。こうした選択肢もあることを考えてみるといいだろう。

少子化はさらに進んでいくわけで、現在、すでに多くの大学が学生の奪い合いを繰り広げている。いまの小学生が大学受験をするころには、エスカレーター式進学がどれほどの意味を持つか。この点も熟考してみよう。

●受験勉強で実力がつき、学びの習慣も養われる

また、受験勉強を避けることが、果たして子どものためになるかどうかはわからない。

私のまわりにも、有名大学の付属小学校から、そのまま大学まで進んだ子どもを持つ知り合いが何人かいるが、親の中には「やはり、受験勉強を経験させたほうがよかったかもしれない」と言い出す例も少なくない。

受験勉強を経験するかどうかで、学力はかなり差がついてしまうそうだ。さらに、受験勉強を経験することにより、自分をギリギリまで追い込んで努力する精神が養われるという一面も考えに入れる意味がありそうだ。

義務教育段階から私立学校を選ぶときには、これらも考えに入れ、その子にとって最もよい進路を選ぶようにしたい。

「年収の高い家の子ほど成績がいい」の本当の理由

東大生の親の年収は、一般より相当高いことがわかっている。こんな報道を見て「うちは、子どもの頭の問題以前に親の経済力が東大に届かない……」とうなだれている人もいるかもしれない。

東京大学の「学生生活実態調査」（2014年）によると、東大生の親の年収は、950万円以上～1050万円未満が19・0パーセント、1050万円以上～1250万円未満が10・4パーセント、1250万円以上～1550万円未満が11・8パーセント、1550万円以上が13・6パーセント。つまり、54・8パーセントが年収950万円以上だ。

一方、日本学生支援機構の調査では、大学生を持つ親の平均年収は834万円（2016年）というから、東大生の親の年収は明らかに高いことがわかる。

この結果を見て、お金があれば幼いころから塾に通わせ、家庭教師をつけるなど、よりよい教育環境を整えることができると考え、「教育だって、結局はお金なのよね」と思い込んでしまう人も少なくないだろう。

だが、経済的に豊かな家の子のほうが成績がよい傾向が見られる本当の理由は、お金の問題ではないという。

●大事なのは年収ではなく「家庭環境」

子どもの受験情報サイトによると、年収の高い家には本がたくさんあり、親は毎朝、新聞を読んでおり、テレビも芸能ニュースではなく、政治経済ニュースを見ていることが多いという。

親の趣味も、クラシック音楽鑑賞や美術鑑賞など文化性の高いものであることが多く、子どもが小学校高学年ごろになると、家族で音楽会や美術館によく出かけるようになるなど、子どもを知的に刺激し、また、豊かな感受性を育む環境が自然にできている。

こうした環境が、子どもの成績を押し上げる大きな理由になっていると伝えている。

こういう余裕はお金と無関係ではない。だが、お金があれば、みんながこうした家庭環境をつくり上げているかというと、必ずしもそうとはいえない。

家庭環境、特に文化的環境が整っているかどうかは、お金があるか・ないかというよりも、親の資質によるところが大きいからだ。

豊かな感受性は、音楽会や美術館に行かなければ育《はぐく》めないわけではない。

夜、子どもと一緒に星を見ながら星座の話をし、宇宙旅行の話で盛り上がる。あるいは、大雨のニュースから地球温暖化の話題に移り、地球の未来を担う子どもに地球のいまと未来についての関心を育てるなど、親の姿勢一つで、知的、文化的な雰囲気を満たすことはできるものだ。

お金で子どもの関心を買うよりも、親子で語らう時間のほうが、子どもの心に深い印象が刻まれるのではないだろうか。

●わが子をしっかり見つめ、理解しているか

将来、成績がぐんと伸びる子どもたちのお稽古事には共通点があるらしい。

「お友達もみんな英語を習っているから、うちも行かせなくちゃ」というような世間の風潮に流されるようなお稽古事ではなく、小さいころから、その子が好きなもの、やりたいといったものを習っていることが多いという。

いくら年収が高くても、親の見栄やプライドから有名校に入学させようと、あれこれかっこいいと思われるものを親だけが必死になって習わせているという家の子どもは、いざ

受験期にさしかかるころ、反抗し始めることも少なくないとも聞く。

大事なのは、親が子どもをどこまで理解しているかなのだ。

わが子をよく見つめ、その子にふさわしい教育を考える。

進路についても、親子でよく話し合う。そして、子どもが本当にやりたいことを見つけるサポートをする。

子どもを将来、心豊かで幸せな人生へと導いていくのは、こういう親なのだ。

経済の勉強を欠かさない

ビットコインと聞いて、きちんとわかりやすく説明できるだろうか。

では、フィンテックは?

このIT時代、世の中は目まぐるしいスピードで進化している。お金の世界も目まぐるしいほど変化しており、これまでなかった新たな〝お金〟やお金の使い方、サービス方法が次々と誕生している。

ビットコイン、フィンテックなどはいずれも、最近、誕生したばかりの〝お金〟やお金をめぐるサービス方法だが、一年一年、加速度的な勢いで広がっており、すでに、それを知っているか・いないかで、お金の生かし方は大きく違っている。

●なぜか、誰も教えてくれないお金の知識

「お金は社会の血液」だといわれるほどなくてはならないものなのに、日本では、不思議なことに、お金について誰も教えてくれない。

子どものころは、お金について関心を持っても、「子どもはお金のことなんか心配しないでいいんだ。そんな時間があるなら、もっと勉強しなさい」と、親から叱られるのがオチである。

大学で経済学を選択したとしても、ケインズなどのマクロ経済学のさわりを学ぶ程度で、毎日の暮らしや企業の経営などに関わるお金についてとなると、具体的に学ぶ機会はあまりない。

そのうえ、「お金のことを口にするのははしたない」という風潮が根強く残っているのだ。これでは、お金について正しい知識を身につけたくても、そんな機会はめったにないのが

実情だ。

●お金持ちはファイナンシャル・リテラシーが高い

だが、お金を稼ぎたい、お金持ちになりたいと思うなら、まず、お金についてもっと知識を持っていなければいけないはずだ。

実際、お金持ちたちは総じて、ファイナンシャル・リテラシーが高い。つまり、お金について高い知識を得ている。

たとえば、税金の仕組みをよく知っており、節税の知識を発揮して、相続税対策などもばっちり行っている。お金の知識がない人とお金の知識がある人では、納める税金の額に大きな差が出てくるものなのだ。

〝借金〟の仕組みについても同様だ。お金の知識がある人は金利についてもよく学んでいて、適切なローンの組み替えなどで返済額全体を減らしている。

一方、お金について何も学ぼうとしない人は、たとえば一度ローンを組んだら、35年間、ただ天引きされるまま放っていることが多い。

35年もあれば、その間に経済環境は大きく変わる。だが、それは自分の経済とは関係ないと考えてしまうのだ。

お金、お金というわりに、お金について学ぼうとしない人が、長い間に失うお金はかなりのものになることに気づくべきだ。

●世の中のお金の流れに無関心だと危ない

バーゲン情報には目ざといのに、世の中の大きなお金の流れに関心が薄い。これはお金に縁がない人によく見られる傾向だ。

たとえば、あなたはビットコインとか、フィンテックについて、正しい知識をもっているだろうか。

ちなみに、ビットコインは仮想通貨の一つで、オンラインゲームや一定のウェブ内で使われたり、ビックカメラなどの家電店で買い物に使用できたりするなど決済が可能だ。

国家が発行している円やドルなどとは違い、ビットコインの場合は中央銀行が介在していない（取引所が間に入ることはある）。しかし、円やドルと同じように世界中で、また、ふだんの経済活動や暮らしでも普通に使えるようになることを目指している。

フィンテックは、金融とＩＴが融合した革新的なシステムだ。金融機関がほぼ独占してきた金融サービスをインターネット、クラウド、スマートフォン、ビッグデータといったＩＴを活用することで、より便利に、より低コストに提供しようという動き全般をさす。

お金持ちの多くはこうした経済知識を積極的に勉強し、先端的な金やお金のスキームをいち早く使いこなす。すでに多数のビットコイン長者が生まれているそうだ。

「無知は罪なり」。ソクラテスの言葉だ。

お金についても「無知」のままでいるのは罪を犯しているのと同じだといわれても、しかたがないのではないだろうか。

借金は「悪」だと決めつけない

「私はお金がたくさんあるわけではないけれど、借金をしたことはありません」

よく、こういって胸を張る人がいる。借金はすべて「悪」だと思い込んでいるのだ。

だが、もし本当に「借金は悪」だとしたら、ほとんどの企業の経営は成り立たないし、銀行ビジネスも成立しない。

●借金＝マイナスの循環ではない

住宅ローンや車のローンも「借金」のうちだ。「借金をしたことはない」と胸を張る人だって、住宅ローンぐらいは抱えているのではないだろうか。

借金というと、派手な生活をしたり、だらしなく飲み屋のツケや賭け事のお金をため、つい、手近な金融機関からお金を借り、返済に困って肉親や友人にもお金を無心する……というような、マイナスの循環ばかり思い浮かべる人が少なくない。

●お金持ちほど「プラスの借金」をしている

だが、借金にも「プラス方向の借金」と「マイナス方向の借金」がある。

一般に、家族の生活がより快適になる住宅ローンや車のローンなどは「プラス方向の借金」。遊びの借金はいうまでもなく、「マイナス方向の借金」だ。

ただし、住宅ローンでも、支払い能力を十分に検討しないで、気合だけで組んでしまうと、しだいに家計を圧迫する「マイナス方向の借金」になってしまう。

予定どおりに返済が進まないようでは、借金はいつまでたっても減らず、最終的には家計破綻。そして自己破産から家庭崩壊へ、などと人生が狂ってしまう羽目に陥りかねないだろう。

お金を借りること自体は「悪」ではない。

「悪」にするか、そうでないかは、借りる目的、さらには借りてからの自分自身の意識にかかっているということだ。

身の丈に合った暮らしを自然体で送っている

高層マンションに住みたいとか、スーパーカーとまではいわないが、ベンツやBMW、レクサスのような高級車に乗ってみたいとか。上ばかり見て、身の丈《たけ》以上の暮らしをしていないだろうか。

時に多少の背伸びをすることは自分を引き上げていく結果ともなるから、必ずしもやめたほうがいいともいえない。

だが、度を越えた背伸び、自分の財布にそぐわない贅沢《ぜいたく》をしたがる人は、かえって貧相《ひんそう》さが透けて見えてしまう。

●身の丈に合っていないものは心地よくない

実は、私は飛行機のファーストクラスは苦手だ。ファーストクラスは、たしかに座り心地は満点である。だが、ゆったりくつろげるかというと、これがあんがいそうでもない。しょっちゅうキャビンアテンダントが近づいてきて、「何かご用はありませんか?」「シャンパンはいかがですか?」などと声をかけてくるからだ。

とことんサービスに徹しているということなのだろうが、正直、私にとっては居心地がよくない。ファーストクラスに乗る人は飛行機に乗りなれているのだから、何か用があれば、こちらからちゃんとCAを呼ぶはずだ。

最近のファーストクラスには出張で利用する人が多く、マイルがたまったらしいビジネスマンの姿もよく見かけるのでそう違和感は覚えないが、少し前までは、ファーストクラスに乗っている人は見るからに大会社の経営者とか、一流のアーティストなどが多く、妙な気後れを感じたものだ。

はっきりいえば、過分なことはかえって居心地がよくないということだ。

その居心地の悪さを見破られないように、肩ひじを張ってしまい、かえって疲れてしまうこともあるくらいだ。

●自分らしい暮らしがいちばん幸せ

傍目《はため》にも、そして何より自分が心地よいのは、身の丈に合った暮らしなのだと思う。

私の感覚でいえば、お金に関しては「腹九分」くらい。もう少しだけなら大丈夫かな、という手前で止めておくと、残り一分は気持ちの余裕になる。

もちろん、たまには身の丈以上の贅沢をして楽しむこともあるが、それが当たり前にならないように、すぐにふだんの自分に戻しておくことが肝心だ。

ずっと背伸びを続けていると自分を見失ってしまい、貯金通帳は空っぽ、ということになりかねないし、贅沢はたまにするものだから心が弾むものになると思っているからだ。

「本当に贅沢な暮らし」を実践している

ある方のお宅にお邪魔したときのことだ。

「まあ、まずはお茶を一杯……」といって出してくださった茶碗に目が留まった。はっきりいって、けっして上等なものだとは見えない。形もいびつなら焼きも甘い。日頃、外でお会いしているときの印象からははずれるものに見え、内心、ちょっと首をかしげたほどだ。

私が茶碗に目を留めているのを察したその方は、「いい茶碗でしょう？　わが家の家宝なんですよ」と、やさしい笑顔を浮かべている。

聞けば、小学生になったばかりの初孫が母親のお稽古ごとについていき、見よう見まねでつくった茶碗なのだそうだ。

「6歳のお孫さんのお作品なのですか」

そう聞いてみると、なんともいえない温もりが伝わってきて、こういうお茶碗を来客にも使うこの方の大らかな心豊かさに感銘してしまった。

●高価なものが心を満たすとはかぎらない

お金があれば、さぞ、贅沢な暮らしをしているのだろう。つい、そう思いがちだが、実はあんがいそうではない。

もちろん、高価なものを周りに並べて悦に入《い》っているお金持ちもあるだろうが、そういう暮らしにはすぐに満足を感じなくなる。高いことで満足感を得ようとする買い物は、すぐにもっと高いものが欲しくなり、さらに高いものを買う。

この繰り返しでは、本当の満足は感じられない。

高価なものを追いかけていると、かえって本当の満足感は得られないことを、肝《きも》に銘じておこう。

●高いものより、欲しいものを

私は若いころから、欲しいものがはっきりしていた。「これが欲しい」と思うものは、向こうから視界に飛び込んでくる。そんな感じだった。

「あ、いいな」と思ってから値札を見ると、予想以上の金額だったりすることも少なくなかった。そんなとき、私は何度も清水の舞台から飛び降りてしまい、気に入ったものを無理してでも手に入れてきた。

というより、根がわがままな人間なので、欲しいと思うと自分を抑えられなくなってしまうのだ。

2～3年前、思うところあって身辺を大整理。引っ越し荷物かと思われるほどたくさんのものを処分した。その結果、残ったのは、清水から飛び降りる思いで購入したものなど、本当に好きなもの、気に入ったものだけだった。

結果的に高価なものが多いのだが、中にはバーゲンやのみの市で安く買ったものなのに、妙に気に入り、長く使っているものもある。

いまは、高価なものもそうでもないものも区別なく、好きなものだけに囲まれた暮らしをしているが、これがなんとも心地よいのだ。私にとっては、これ以上の贅沢はない。

「年収増＝幸せになれる」とは考えない

「毎月、あと5万円あればなあ。いや、3万円でもいい……」

サラリーマンで、そう思ったことがない人はいないのではないか。

いや、私もその1人だ。フリーで仕事をしているから月給ではないが、ギャラを受け取るたびに「せめて、あと○万円……」と、つい願ってしまう。

ほとんどの人は、少しでも年収が増えればその分だけ幸せになれると、なぜか根拠もなく、そう思い込んでいる。根拠なんか必要ない。そんなこと、当たり前でしょう？　といわんばかりで迫ってくる人もいるかもしれない。

だが、最近になって、年収と幸福度とは、必ずしも比例するわけではないことがわかってきたのだ。

●年収600万円の人の満足感が最も高いわけ

この説を発表したのは、プリンストン大学のダニエル・カールマン名誉教授だ。ちなみに、カールマン教授は2002年にノーベル経済学賞を受賞した、一流中の一流の学者である。

カールマン教授の調査によれば、「世帯年収が7万5000ドル（日本円で約780万円）以下の人では、収入が上がるにつれて喜びや満足感、つまり幸福度が高まるが、この金額を超えると満足感が高まることはなくなる」という。

まさに、目からウロコの発表だ。

ニューヨークのビジネスマンの年収と、日本のサラリーマンの年収は20％ほどギャップがある。いうまでもなく、ニューヨークのほうが高い。

それを勘定に入れると、日本なら、年収600万円程度までは年収が上がるにつれて満足感が高まるが、それ以上になると、年収につれて満足感が高まるわけではないということになるだろう。

この結果について、あるジャーナリストはこう説明している。

年収が高い人は、たとえばパリやロンドンに行っても、「しょっちゅう経験している」ので特に幸福感は高まらない。一方、年収の低い人は、近場のリゾートであるグアムに行ったというだけでも大満足する。

私には、実感としてこのことがよくわかる。

遠い昔の大学時代、アルバイト学生だった私は、ふだんの昼食はラーメンが定番だった。だが、アルバイトでお金が入った日だけはタンメンに昇格する。昔の話だから金額の差はたった20円。

でも、タンメンを食べることができた日は無性にうれしかったことを、いまでもときどき思い出す。

●お金持ちより幸福な人生を送る方法

実は、日本の内閣府の調査でも同じような結果が出ている。

世帯年収と幸福感の関係は、年収400万~600万、600万~800万、800万~1000万未満では、幸福感6・7点前後とほとんど変わらない、というのだ(「とても幸福だ」を10点、「とても不幸だ」を0点として計算)。

幸福感を判断するとき、重視する項目について尋ねると「家計の状況」と「健康状況」、「家族関係」がそれぞれ60パーセントちょっととほぼ同率だ。

そう、幸福はお金だけでは実現しないのだ。そうわかると、お金に対する見方も大きく変わる。その変化を大事にしていけば、お金持ちより幸福な人生が送れる可能性が開けるのでは、と思えてくる。

お金は大事だが、お金より大事なものがあることを知っている

少し前の話になるが、最後に、世界的な大ヒットとなった映画『最高の人生の見つけ方』

の話をしたい。

●余命半年の宣告を受けた2人がとった行動

この映画を覚えている方も少なくないだろう。

2人の老人が、ある病院でたまたま顔を合わせる。1人は会社を大きくし、お金を儲けることばかりを追い続けてきた経営者。もう1人は自動車整備工だ。

お金持ちのほうは仕事、仕事の人生で家族とは疎遠《そえん》になっている。自動車整備工は家族を愛してはいたが、長年、家族を支えるために働き詰めだった人生にほとほと疲れきっていた。

2人の余命は半年と告知されており、残りの人生くらい、これまでやりたかったことを全部実現しようという話になる。

あれこれ話し合った末、2人が作った「死ぬまでにやりたいこと」リストは以下のようになった。

＊タトゥを入れる。

＊タージ・マハルへ行く。
＊スカイダイビングをする。
＊アフリカでサファリツアーをする。
＊万里の長城に行く。
＊カーレースをする。
＊ピラミッドを見る。
＊香港に行く。
＊見ず知らずの人に親切にする。
＊ヒマラヤに登る。
＊荘厳な景色を見る。
＊死ぬほど笑い転げる。
＊大事な人と仲直りをする。
＊世界一の美女にキスをする。

2人は病院を抜けだし、このリストを次々に実現していく。

お金持ちは使いきれないほどの財産を持っているから、お金は使いたい放題、贅沢し放題。2人はとことんまで楽しみ、満足した——はずだったが、それでも2人の気持ちは満たされない。

最後に2人の心を本当に満たしてくれたのは、家族だった。お金持ちが人生の最後にキスした「世界一の美女」はかわいい孫娘だった……。

この映画が世界的な大ヒットになったのは、お金では買えないもの、それこそが最高の幸せをもたらすことを伝えてあまりあるからだろう。そして、多くの人がそれに共感したからだ。

●幸福への近道とは

私が出会った成功者、お金持ちたちも人間関係、とりわけ家族や友達などの人間関係を大事にしている。打ち合わせや取材の合間に家族の話になると、厳しい表情が一転してやさしい顔になる。

お金がなければ、みじめで寂しい人生になってしまうことはたしかな事実だ。だが、お金があればすべてが満たされるか、といえばどうやらそうではないようだ。

その二つの事実を大事に、一日一日をきちんと誠実に過ごしていこう。そうすれば、不足や不満を感じることはなくなるはずだ。

不足や不満がないと自然に明るくポジティブになり、自分に自信を持つようになる。そうした明るい姿勢は、どんどん可能性を広げていくものだ。

きちんと、丁寧に、一日一日を重ねていく。

それこそが「最高に豊かで、幸せな人生」を実現する、いちばんたしかな生き方なのだ。

◆参考文献

『お金の法則──「貯まらない」「殖やせない」にはワケがある』千田琢哉（廣済堂出版）
『お金の真理──大富豪が教える「お金に好かれる5つの法則」』斉藤一人（サンマーク出版）
『お金のＩＱお金のＥＱ──世界の幸せな小金持ちが知っている「お金の法則」』本田健（サンマーク出版）
『男はお金が9割──一生お金に困らない、お金の哲学』里中季生（総合法令出版）
『なぜかお金を引き寄せる女性　39のルール』ワタナベ薫（大和出版）

菅原 圭 すがわら・けい
早稲田大学文学部卒。コピーライター、出版社勤務を経てフリーに。ライターとして、ビジネス界のキーパーソンをはじめ作家、文化人など著名人を多数取材。成功する人の考え方、習慣、振舞いなどに関心をいだき、さまざまな角度からその共通点を探求、著作に結実させている。著書に『ものごとに動じない人の習慣術』『日本人なら身につけたい品性がにじみ出る言葉づかい』『マナーより大事な品性がにじみ出る立ち振舞い』『努力する人は報われない』(いずれも小社刊)、『さすが!と一目、置かれる人の気配り術』(大和書房)などがある。

お金持ちが 肝に銘じている ちょっとした習慣

2017年10月5日　初版発行
2018年3月30日　7刷発行

著者 —— 菅原 圭
発行者 —— 小野寺優
発行所 —— 株式会社河出書房新社
〒151-0051 東京都渋谷区千駄ヶ谷2-32-2
電話(03)3404-1201(営業)
http://www.kawade.co.jp/
企画・編集 —— 株式会社夢の設計社
〒162-0801 東京都新宿区山吹町261
電話(03)3267-7851(編集)
DTP —— イールプランニング
印刷・製本 —— 中央精版印刷株式会社
Printed in Japan　ISBN978-4-309-24827-1